熟年優雅學院
Aging Gracefully 文 23

說故事

文庫版

遇見未來的自己

作者—張芳玲
攝影—連曉恩・陳佳芃

寫在前面

熱望明天，以及未來的自己

為何我會開始這段旅程？最早是為了創辦「熟年優雅學院」，現在回頭想來，持續走了兩年，那份內在的動力，應該是為了安撫中年不安。不安的對策，向來不是妥協，最好是面對和超越它。

步入四十後，接續發生的事情，讓我變得很不安：先是父親中風，幾年後母親病故，同一年愛犬在我懷中，我與她四目相望了兩天後，她閉上眼睛；同時，從經營事業、照料父親、教會責任、人際關係而來的各種壓力也在那期間，沈重地一起壓下來。

不知道接下來還會發生什麼事情？

我還能承擔更多嗎？

從外面的世界回到自己的窩後，常常會陷入悲傷，不禁懷疑：我真的適合一個人生活嗎？

「未來」就是在壓力和數不清的眼淚，變成問號，浮現在台面上，等著我去回應。

某家員工兩百多人公司的董事長，他在四十歲之前，兩次罹患不同的癌症，手術後需要每半年追蹤檢查。五十出頭時，他和太太有一天散步到陽明山至善老人院，好奇地晃進去看看，結果看見一群還算健康的老人在用餐，一幅安詳、平和的景象，然後不知為何，他情不自禁感動地流下眼淚。

他六十歲後，我們偶然遇見，他說：「醫生說我動脈硬化很嚴重，居然還活著沒死，不可思議。過一陣子我可能要去裝支架。」他笑呵呵地，看似很開心。我正不知道該怎樣回應，他隨即就說：我早就將生命交託給主了。

我可能就是在找這種心境吧！但是，這位董事長超然的心境，不是天生的，是幾度病痛與死亡的威脅，帶領著他最終尋找到令自己安心的答案。

向不安宣戰，開啓了太雅出版社新的一條路線。在經營了十八年的海外旅遊叢書之後，另闢出「熟年優雅學院」。而且相較其他產業，出版業利潤微薄，但是我卻把利潤拋諸腦後，開始在日本、在台灣進行我的「遇見未來」之旅。在兩年後，我獲得很大的平靜，重拾內心的豪氣，甚至我變得容易快樂，也更聚焦在當前最重要的事情。

我已經可以對我的不安說：未來不是可怕的，是可以期待的！未來不是暮色蒼茫，而是享受耕耘成果的豐收祭。未來是預備傳承，而且要陪伴下一棒攀登高峰的教練生涯。未來代表著我有做不完的事情，和今天無法從容去過的優雅生活……

一般人生命有幾位重要的導師：神、智者、書本、前輩。

當我們閱讀書本時，其實我們是在尋找導師。而我所會晤的前輩，也已經成為我的導師。不論是閱讀他們的著作，或是親身與他們談話、交往，我用心去體會他們的熟年人生，為何能有一幅美好的圖像？回推他們的中年、青壯年，他們的興趣、工作、夢想是什麼？他們跟家人的關係、他們的個性、他們最引以為傲的是什麼？什麼是他活在此刻，最大的盼望和動力？

長壽不是我要帶給大家的價值。而是在未來數十年後，你如何以八十以上的年紀，擁有「愛」與「存在感」？

接下來，你會閱讀到恩愛的老夫妻和失去配偶的九十多歲作家、書店老闆，同樣擁有我所說的「愛」與「存在感」。我幾次在演講時，用「越活越美麗的誓言」做標題，你也可以這樣去理解我在尋找的未來。

我不敢說，我的著作可以成為你的導師；但是我所會晤的前輩，他們可以。
我，只是藉由上帝給我的文字恩賜，分享出來給大家。

王文元，臺灣中華化學工業股份有限公司董事長

一本題材別緻的書，文筆細膩、生動；讀後令人感動，並能開闊心胸，受到激勵。作者描述的這群老人，其共同特色都非功績顯要的達官貴冑，但專注於清楚的人生目標。他們具備愛人、和諧、感恩的性格特質，成為老年時活下去的樂趣與動力。讀者可以從書中前輩身上學到人生的智慧，我認為他們塑立了成功的人生的典範與榜樣，給邁向高齡化的台灣社會，注入一股對生命與生活的活力。

高度評價與值得推薦一讀的好書。

古學敏，國泰人壽慈善基金會名譽董事

隨著科技日新月異，醫療技術大幅躍進，人類的平均壽命不斷延長，面對老年化社會的來臨，一般坊間書籍多是退休理財、養生健康議題，卻鮮少觸及「老」所須面對的其他調適及預備。《遇見未來的自己》這本書描寫了幾位非常有「存在感」的老人，幫助我們去正視「老」這位遲早要來拜訪的友人，審視我們對「老」的認知，重新定義「老」的價值，進而預備自己以積極的態度走上追尋「老」的快活旅程。祝福各位與我一樣在這些故事中「遇見未來的自己」。

鄭林鐘，六十歲，樺舍文化與華山一九一四文創園區顧問

「有時候我們會被一本書拯救。雖然挫折與失望接二連三，總有一本書會讓你產生勇氣……」這是本書中一位長者坂本健一所說的話，也是我在讀完《遇見未來的自己》之後第一時間升起的感動。

潘冀，潘冀聯合建築師事務所主持人

《遇見未來的自己》對中年以上的讀者，真是一個非常吸引人的書名。看了芳玲女士這本書，很難不想想未來的自己會是什麼樣子的？我們「未來」的日子將是如何過的？我們給別人留下的觀感及影響如何？書中張女士的採樣，有完全不同背景、不同生活環境、甚至不同國籍的長者，他(她)們以在一般觀念中很「夠老」的高齡，仍然活出精彩絕倫、令人感動的生命。讚歎欽佩之餘，不能不也反思一下自己「尾流」的身影究竟會是如何？

甘國棟，天主教耶穌會神父，光啟文化事業社長

「遇見未來的自己」是書名，卻也是每天生活中具體要做的屬靈操練，和活出真實與圓滿生命的基礎。在平凡中能展現真實的「自我」，是此操練的第一步。作者在被感動的經驗中，介紹了台灣及日本七位能展現優雅生命的長者，他們共同擁有的特質是「為他人而活」與「協同他人一起生活」。生命的完成不在於擁有多少或成就哪些偉大的事務，而是在每一次面對自己及他人時，均能展現本性中原有的「優雅」特質。

chapter 1 24

在雄鷹飛翔的高度狩獵最棒的人生

王朝賢

1933年生

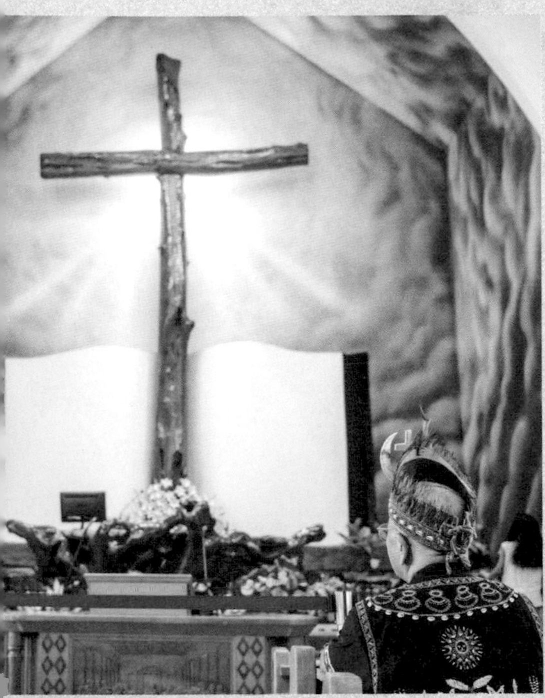

三友

生命需要不停地相信，不停地去實踐

黃清泰

1936年生

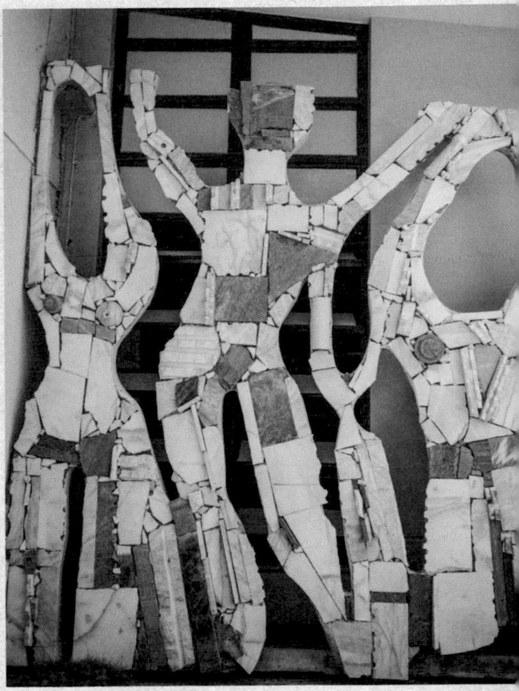

chapter 3 98

到一百歲，還一直在給予的人

劉毅文

1914年生

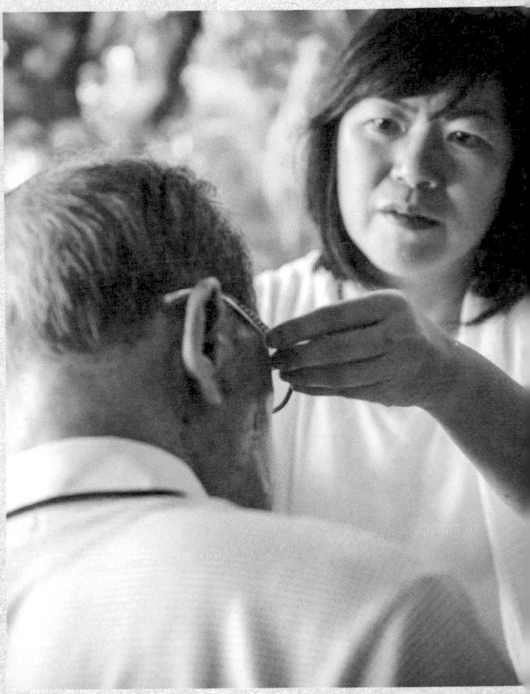

chapter 4 114

不論幾歲，總有一群朋友共創作

金谷園

1925年生

chapter 5 126

兩個人有這樣的家真好

津端修一 1925年生

津端英子 1928年生

chapter 6 152

九十四歲依舊撫慰人心的心靈導師

佐藤初女

1921年生

chapter 7 166

如果愛得徹底，一生只愛三樣東西也就夠了

坂本健一

1923年生

けんーめし

たった一どきりの人生
ちょっと寄り道
しませんか
素敵な出合いが
まってますよ
を待っている
一人が居る
一冊がある
ここは忘れていた
あなたの人生がある
路地の中の古本屋 青空書房

chapter 8 184

優雅地老去，中年人應該知道的十件事情

三地門．霧台

王朝賢

在雄鷹飛翔的高度，狩獵最棒的人生！

我躺在友人珮雯（排灣族名 Vavawni）的房間，
環視著她書架上的書目，
順便思考明天要怎樣訪談她的爺爺王朝賢。
雖然是炎熱的八月天，
但是午後下過雷陣雨，
所以三地門村落有點涼意，
只要開著天花板上的風扇，
就能舒服地入睡。

十年前珮雯在台北市工作時，有一年的時間，下班後她常常窩在我住的套房，每天花三小時以上抬槓，因為這樣我聽了她從小到大的故事。關於她的家庭、原住民部落等等奇人逸事。那時候我常常聽得一傻一愣地，沒想到台灣的山上有這樣多奇聞軼事。

十年後，她從社工變成傳道人，我們一年見不到兩小時，所以當我想要採訪她的奇人爺爺王朝賢時，她只有丟給我一本二〇〇四年編印的「台灣基督長老教會魯凱族群區會，王朝賢牧師七十歲盡程退休感恩紀念專輯」，就沒有再理我了。所幸，我早就認識她的父母親：王明忠牧師和許瑞珠女士（鄉民代表），聯絡好之後，我就跟攝影師提著行李，住到三地門來了。

因為珮雯的關係，八年前認識王明忠牧師（王朝賢的二子），他在魯凱族的茂林長老教會牧會期間，我去過四次。因此，睡在村落裡的經驗，算起來好幾次了，記得村子裡的牧師和村長會用麥克風向全村廣播，但印象中都是非常正經的報告。這次住在三地門，竟然在早上七點半時，聽見麥克風傳來「小丑」歌聲，一個宏亮雄壯的男性唱著「掌聲在歡呼之中響起，眼淚已湧在笑容裡……」、「是多少磨練，和多少眼淚，才能夠站在這裡……」、「小丑～小丑～是他的辛酸，化作喜悅～呈獻給你」躺在床上的我，睜開眼睛，以為是卡拉OK店太早營業，為此而詫異，沒想到繼續聽下去，是這樣子：「各位鄉親父老，早安，今天是倒垃圾的日子。請等一下拿著垃圾到路邊等候垃圾車來到，不要留著垃圾，要有人等在旁邊。」

後來王朝賢的四子明義告訴我：通常廣播之前會先播放音樂，可能是音響壞了，所以村長自己改唱小丑。

這個充滿趣味的開場，讓我對於這次的取材，充滿了信心。

石板屋

王朝賢（Valrialane Warubalhatan）和二子王明忠的共通點，除了長相和身材相似、同樣都做牧師之外，他們最特別的共通點是：因為娶排灣族的長女，而成為入贅的男人。這是排灣族的傳統，第一個孩子，不論是男的女的，就是「當家的」，家產的繼承者。所以我住的是許瑞珠師母的家，也就是王明忠牧師一家人的住所，珮雯的外婆也一起住。而王朝賢牧師住在太太包素香祖產土地上建蓋的房屋。當我要採訪時，我必須沿著上坡經過幾條巷子，過去王朝賢的家。那是個三層樓的透天厝，旁邊是剛重建好的石板屋，對面還有一小座鐵皮屋，這裡總共住了王朝賢和妻子包素香、三子、四子、女兒們、幾位孫子。

來到石板屋，八十二歲的王朝賢正戴著他自製的防噪音耳罩、拿著電鑽在木工檯上工作，粉塵飛揚得滿屋子，他看見我們，立刻露出招牌的笑瞇瞇表情，感覺他好快樂地在做事情。

石板屋目前被他當作木工和發明器具的工作室。我們坐在門前的石板上，聽他說石板屋的故事，他的二子王明忠為我們翻譯，因為王朝賢習慣用母語，漢語他很少講。

王朝賢：「王明忠他們小時候就是住在這石板屋，但是石板屋壞掉好久，旁邊的洋房蓋好後，大家搬進去，就不想修理石板屋了。我們Warubalhatan每年有一次的『親族大會』目的是彼此切磋學習。家族裡面大小事情拿出來討論。國中以下不能講話，只能在旁見習。有一年討論這石板屋該不該修理？大家決定不修理。」

王明忠牧師大笑說：「這個Warubalhatan親族會議，我爸爸講什麼，通常都會贏，就是重建石板屋這件事情，他輸了。難得他會輸一次。」

王朝賢繼續說：「我退休之後，上帝給我兩個很大的恩典。一個是鄉公所在兩年前，突然說，我們要出錢幫你修石板屋，作為地方的古蹟維護。他們運來高雄縣茂林區多納里的石板，那裡的石板才是最好的石板，我們這邊以前用的石板不是最好的。結果，我這石板屋不花一毛錢弄好了。弄好之後，霧台那邊的石板師傅，有一天用貨車載來一大塊石板桌，現在門前那棵楊桃樹下的大石板桌就是他送給我的。

第二個恩典是芒果園，本來一直沒有電力，申請困難。八八風災之後，有一天台灣電力公司決定把電牽到山上果園那邊去，現在好方便了。」

石板屋內有個生火爐灶，原來古時候就靠這爐灶生火煮食，順便燻天花板的木梁，燻得越黑越不容易長蟲。右邊一半是生活空間，現在當工作室，左邊是間石板大通鋪，過去一家人躺在這裡一起睡覺。石板的特色是涼爽透氣，躺在上面睡覺對骨骼好，而且躺久不會發熱，但是冬天就需要很多棉被鋪床了。石板屋裡面很單純地就分為兩個大區域，上面開了幾個小天窗，面對巷子有兩個大木窗，還有一扇門。

喜愛作木工的王朝賢，跟另一位前輩黃清泰一樣，自己發明的工具滿多的，只是他們製作的東西完全不同。王朝賢這天做的是鹿角腳架。很美麗的鹿角，要插入木頭底座，這底座會再貼上山羊毛，做出鹿頭的效果。完成後，已經是一個藝術品，但沒有想到，鹿角只是拿來當腳架，上面放的才是寶物：青銅刀（排灣族三寶之一，另外兩個寶物是陶壺、琉璃珠）。

王朝賢做了幾個鹿角座，預備未來在石板屋展示他的寶物：數把青銅刀，還有就是眾所皆知，神準獵人王朝賢的美國獵槍。

獵人

在政府尚未禁止打獵的時代，王朝賢常常跟教會會友在夜間獵飛鼠。因為飛鼠會破壞農作物，而且飛鼠可以烹飪來吃，這是獵飛鼠的主要原因。那麼為何他會神準呢？擅長發明與手工製造的王朝賢，在獵槍上固定好一隻手電筒，手電筒照到飛鼠，飛鼠的反應是愣住而且眼睛會變成紅色，只要王朝賢看見飛鼠，立刻開槍，不必做第二次瞄準，所以每打必中。「獵槍是散彈，手電筒的光圈跟散彈的範圍是一致的，發射就對了，不必多想！」靠著這小小的發明，王朝賢被封為「夜間的英雄」。

王朝賢從屋裡拿出一頂代表男人榮譽的頭冠。他不是只會獵飛鼠，還會獵山豬。王朝賢指著頭冠上的兩朵白合花：魯凱族的男人，一生中要獵到五頭成年有獠牙的公山豬，才有資格配戴百合花，而這五隻當中，如果一次同時獵到兩隻，就可以配戴兩朵百合花，代表勇士、英雄。

關於雄鷹，如果你留意，會發現原住民的頭飾也很喜愛用雄鷹的羽毛，在他年輕時，若是有人獵到雄鷹，會交給大頭目，把羽毛分配給地方上有名望的長老及頭目們，據說，王朝賢曾經在霧台山區獵到雄鷹，只是令人敬佩的不是這個，是他乖乖交給大頭目，自己一根羽毛也沒有分到。

雖然這些已經成為歷史，但是人生能有幾段「英雄事蹟」可以常常告訴別人，我認為對自己是非常好的鼓勵、對後代更是好的示範。同時我們也看見打獵訓練出來的敏捷反應，一樣留在這位老年家身上，甚至我們根本不敢說他是老人家，因為他生龍活虎地站著講故事時，我們都站不久，需要找張椅子坐下來聽。

王蓋先的修理與開鎖故事

王朝賢有四十八年的牧師生涯，頭八年在舊好茶(注❶)，後面四十年在霧台村，都是魯凱族的村子。在霧台長老教會連任十三次，每次三年，最後一任因為長老教會改制為四年，所以總共是四十年，退休那年七十歲。霧台鄉的弟兄姊妹怎樣愛戴王朝賢牧師，從這個連任數字不言而喻。

台灣歷史上第一位魯凱族牧師就是王朝賢，除外國人之外，第一個向本族人傳福音的就是王朝賢。比起主日講道，這幾件事情對於他對霧台鄉的影響力更有幫助：

修理東西、發明東西、清理公墓、修路、開鎖、翻譯（將日文、排灣族語講道，翻譯成魯凱族語）。

我們第二天前往霧台，遇見正在霧台教會裝置視訊設備的三子王明仁。原來三子出生在霧台，現在跟父親住在三地門，但是依舊留在霧台教會服事，目前擔任長老。從建堂以來，熟悉教會大小事務，水電都要問他才知道。

他說：「你聽過馬蓋先吧？我爸爸有幾個名字，一個是王蓋先，一個是地下村長。」意思是，他在霧台牧會期間，什麼疑難雜症，人家都會說：不然去找牧師好了！

不曾學過水電，沒有讀過電機、電子書籍的王朝賢，修理過霧台鄉住民的手錶、時鐘、打米機、發電機，似乎沒有什麼東西他不會修理，所以他有一句名言：「我丟掉的東西，你不要撿回來。」因為那代表那個東西是真的沒得修理了。

「我是第一代的宣教牧師，不可能站在講台上，人家就會信耶穌。我必須挽起袖子，解決村子裡面的大小事情，我必須融入村莊各種活動，參與在其中，帶動整個村子進步，我才能讓大家明白我的信仰是真的。」其實，到現在王朝賢仍舊這樣教育其他的原住民牧師，因為原住民牧師和城市牧師的考驗是很不同的，城市牧師可以靠講道、發展策略來經營教會，但是原住民牧師不融入整體村落營運就無法帶動村民會友，更不用說當一位好牧師。

我們在王朝賢家裡看見客廳懸掛一顆虎頭蜂的蜂巢，他看見我們張大嘴巴，笑說「這顆不是我摘除最大的，最大的那顆不可能摘除，我們只能半夜去放火燒。那塊田的鄉民，已經不敢去耕種了，我只好帶著一位教友，半夜去火燒蜂巢。」這段火燒虎頭峰巢穴，王蓋先演出十分鐘，都沒有坐下。意思是，他把汽油裝進去噴灑農藥的器具內，然後預備好燃線，兩人摸黑去田裡，找到蜂巢後，燃線要先布到蜂巢，然後噴汽油，一舉火滅蜂巢。

為鄉民解決問題，再提兩件王蓋先的經典故事好了！

霧台鄉有塊小公墓，占地不大，加上棺木不易朽壞，要超過十年才能撿骨，所以大家擔心以後沒有埋葬的地方。王蓋先因為這樣發明了「可拆解棺木」。當棺木推進去墓地之後，蓋子和兩側的木板可以抽取出來，拿去燒掉。這樣子大體就容易腐蝕，縮短撿骨的時間。這個發明在當年獲得國家級表揚。

另一個就是開鎖。不知道何時王蓋先學會開鎖，應該他自己也不知道為何學會開鎖。有一次霧台郵局不小心把鑰匙留在辦公室，門鎖上了。村民紛紛從家裡拿出自己的鑰匙，一把一把試著要開郵局的門，最後徒勞無功，就想到王蓋先了。王蓋先把全村的人撤離，不准有人留在現場，然後進行他的開鎖，果然門就開了。

「後來我滿擔心郵局失竊的，因為我嫌疑會很大。」

明忠牧師補充，有一次教會的門也被鎖住了，一樣是把鑰匙留在裡面。爸爸也是叫我們全部的人離開，不能看，然後他就打開了。

王朝賢牧師很幽默地說：「我想上帝知道要給我各樣恩賜，幫村民解決問題，不然第一代牧師怎樣傳福音呢？原住民是非常迷信的族群。」在他的退休紀念冊裡，我讀到王牧師的母親在原住民中是位巫師，王牧師是先去讀神學院才受洗，可見當年要入基督教，他受到的反對壓力相當大。

隔日我們隨著霧台地下村長漫遊霧台村時，只要門是開著的，牧師都可以帶我們走進去。其中一家是「百合民宿」，老闆包先生也是霧台教會的長老之一。他回顧小時候，王牧師剛來時，村民有多麼迷信：

「魯凱族的男人出門去打獵，是不能回頭的。那時候都要趁小孩子還沒有醒來就出發，因為萬一小孩打噴嚏，那天就不能出門了。或是出門後，路上遇到Calrekau（魯凱族語，一種鳥類）在叫，你就必須停下來，不能繼續前進，要等一天或是好幾天。所以碰到鳥叫，有時候還要派一個人回家去拿食物，再跑回來補充食糧，非常不方便。還有，走過傳言有魔鬼出沒的地區，我們必須直挺挺地走過去，不准有動作。萬一蚊子叮你，你只能忍耐，不能打，一打，你打到自己哪裡，那裡就會爛掉。

「王牧師來了之後，先是幾個人改信耶穌，然後村民發現，那些人很自由，不必受這些迷信的綑綁，而且出去打獵回來都平安沒事。所以很快地，大家就紛紛加入教會。」

這段故事，是坐在百合民宿的空中咖啡座，王朝賢和包長老你一言我一語接龍出來的。

他在電器方面的修理、發明能力，加上老么的調皮個性，讓他跟村民開了一個多年的玩笑。晚上霧台教會的十字架燈亮時，表示牧師在，燈關掉表示外出。那個年代還沒有自動開關這種東西，但是牧師無師自通，用掛鐘設計出晚上六點到十二點的自動開關。一方面讓村民有安全感，晚上看見十字架亮著，會比較安心，另一方面就是調皮，讓大家以為他都在教會，更加敬佩牧師的忠心和辛苦。當有人來教會找不到牧師，就會自言自語說：牧師大概是去做家庭探訪了。（王朝賢開心地笑）

電器發明方面，還有霧台國小的對講機、校長呼叫器。當年，連平地學校都沒有的設備，王蓋先把材料買來，慢慢研究，怎樣可以讓校長不必常常廣播，只要拿起對講機，要跟哪個教室、哪個人講話，群組或是個人都可以呼叫。再來就是翻譯耳機，他常常要幫排灣語的牧師，翻譯講道給魯凱族人聽，為了節省時間，他不想你一句我一句翻譯，他組裝出一堆小耳機，搞同步翻譯。那時候可能連平地人，都還不知道什麼是同步翻譯呢！

神農氏的新武器大觀

從牧師職務退休後，王朝賢從霧台搬回三地門，也就是妻子包素香的排灣族地盤。終於可以陪老婆好好務農了。這十多年來，山上已經有一大片芒果園，每年結實纍纍。

早上被村長的小丑歌聲喚醒後，和王明忠牧師、許瑞珠師母吃完早餐，接著師母動手把我全身包裹起來，像顆粽子一樣，因為她說田裡蚊子多。我們走上去王朝賢牧師家，他一看見我們就說，「這樣有像！（務農的）」。

門前他那部開了二十五年的小休旅車，屁股後面寫著Saabaw／Valrialane，前面那字是問候語：你好、辛苦了、再見、保重！後面那個字是他的魯凱族名字（舊式拼法）。他真的很喜歡跟人家打招呼。這邊的人，開車經過認識的人，一定會慢下來，打聲招呼「Saabaw！」，王朝賢用這部車子，打算要跟所有的人打招呼。真的是相當外向又活潑的老前輩！

（下午去霧台之後，發現這部車子就算沒有寫上他的名字，駛在霧台、三地門，沒有人不知道他來了，就是學童也認得出他來。）

上了他的車沒多久，就從道路開進山路，有路開，沒路也在開，神勇的駕駛王朝賢在顛頗的車況下，處之泰然地開了半小時，而且抵達芒果園時，一次入庫，輕鬆又精準地停好車。

因為芒果季節已經接近尾聲，已經採收完也分送完畢了，今天的任務，是現場採葉子，要製作原住民傳統美食abai和cinavu（注❷❸），順便除草。上午陪我們擔任翻譯的是四子明義，他跟我們同時抵達。在一陣的忙亂中，我被囑咐要割這個葉子、那個葉子，有時要選嫩，有時要選大（注❹）包素香師母的動作快到嚇人，我沒有摘幾片葉子，籃子已經被她裝滿。

摘完預備做料理的葉子之後，接著除草。我的小鋤刀一揮下去，土就跳進我的眼睛，心裡喊聲媽啊，眨眨眼擠出一點淚水清眼睛，又繼續除草。除沒五分鐘，我腿痠了，很快衡量一下，放棄面子，決定讓包素香前輩自己繼續除草。

接下來上演的是「王朝賢的武器大觀」，長達六十分鐘，我們跟著他從工具室走進走出，每樣改造農具在果園裡模擬十分鐘，總共看了快十項手工改造農具。我跑到包素香師母的廚房去，問她要吃午餐沒？她說「小米粽還沒包呢！」看到時鐘更嚇人：怎麼才十點半？我們才上來兩小時嗎？我已經又累又餓了啊！

走出廚房，山中一條好漢王朝賢，繼續要表演「睡午覺篇」和「運動篇」。

但是且慢，讓我好好整理一下他的農具發明：

有兩部機器很重：水管卷盤、噴農藥機，所以他裝了輪子，利用槓桿原理各做一支有手把的支架，要用的時候，完全不必抬，只要把支架套上機器，輕鬆拉出工具房到田裡。

除草鐮刀，他把兩隻鋸子的鋸齒磨平，變成一支雙刃的除草刀，再裝上及腰的桿子，左右揮動，就能站立著除草，不必彎腰、不會累。

傳統的鐵耙是用來整地、收集落葉與碎石，但是礙於鐵耙的直角角度，只能把不要的東西收集一處。王朝賢運用選舉時大量製造的旗杆，將裡面的鐵條拆下來，那些鐵條硬度佳卻又有彈性，所以他做成像扇型的鐵扒，可以有部分鐵耙的功能，卻又能剷起碎石，拋到遠處。當然這一支一定也是長柄，因為王朝賢最清楚大肚子的人需要什麼——不彎腰，盡量保持站姿工作。

採芒果時，原民習慣在腰後面繫上一個籃子，但是採多了，這個籃子會往後垂，讓腰部有太大的承重，所以他把籃子加上一個斜揹帶，滿了就倒進芒果收集箱。

芒果收集箱原本是要用抬的，但是王朝賢設計一個有輪子的小運輸車。設計的目的一樣是：不彎腰、不用力。道具很簡單，一個平台下面裝兩個直向鐵條，在泥土和草地上滑動，就靠鐵條，在前方加個塑膠片止滑，免得下坡跑太快。如果不留意，下坡時沒用屁股當煞車，也有可能運輸車跑在人前。

採芒果時，需要爬上樹去採集芒果，這常常造成果農意外事故，嚴重的會終身癱瘓。王朝賢用的工具，就是裝上小籃球網的長竹竿，搖一搖芒果就會掉下來。但是為了更高的芒果，或是為了替芒果樹剪枝，進行果樹矮化工作，王朝賢就必須爬上樹，再配合幾項長杆的工具來進行。長柄的剪刀，市面上可以買到，但是用伸縮長杆加裝鋸子，是他的傑作，細的枝子用簡單的剪刀，粗一點的用鋸子，角度困難的枝子，就要剪刀和鋸子兩隻一起同時運用。

大部分的芒果樹，王朝賢已經用大鐵釘，把手把、腳踏都打進樹幹了，為了讓爬樹這件事情，變得很簡單。他告訴我們，包素香師母要爬也可以爬。我們一點也不懷疑他說的真實性。

他放在車上，有一隻他自己設計的長柄刀具，非常好用：刀子有兩刃相背，一刃是切除粗大的鋸子，直的；一刃是切除細嫩的枝子，是個小彎刀。他若是在山路上看見路肩上坡的樹叢或植物，長太大了，會危及駕駛人的視線，他就會下車，砍除這些枝葉。他下車示範，一分鐘之內，輕鬆地清除掉半棵小樹的樹叢與樹枝。這在颱風的季節，非常管用，可以將半倒的樹，完全切開、拉走，疏通道路。

這位八十二歲的前輩，為解決生活問題，激發很多靈感、巧思，動手發明了無數工具，替自己和他人謀福利，他告訴我們一句他終身相信的真理：「幫助別人，就是幫助自己。」他指著路面：「我用許多大小石塊把山區道路的坑洞填平，我常常在修路，能夠幫助別人、做對別人有益的事情，是很快樂的事情。」他一臉洋溢著喜樂的表情。

Saabaw Valialhan

大肚子芒果王

王家個子都不高，所以除了三子明仁比較瘦之外，其他都挺了一個肚子。王朝賢因為不吃熱食，所有的食物要等涼了才吃，所以我幾乎沒有看過他吃東西，但是根據其他人的說法，都說他飲食非常節制。縱使這樣子，他的肚子還是滿圓滾的。可以放心的是，他的腰圍和健康指數無關，他和妻子到目前為止，兩人還不曾住院過，體能比起同年紀的瘦子，保證是好很多。（注5）

四子明義已經生火煮沸了一大鍋子的水，包素香師母放進去她剛包好的排灣族美食abai和cinavu。看了這一幕，我就有力氣繼續工作了。（但，心裡仍嘀咕著：農夫的上午為何這麼長？）

我們跟著王朝賢走到某顆樹下，他搭了一個小棚子，棚子裡面是一個大石桌，也是他午睡的床。他坐在桌面，伸手一摸，從棚子上方拉出一條塑膠軟管做的拉帶。

「因為我肚子大，直接這樣躺下去，會受傷，所以我要拉住它，然後慢慢躺下去。如果我要翻身，我就再拉住它，支撐使力，就可以輕鬆轉身。起來時，當然更需要它。」隨行攝影師連曉恩的太太正懷孕八個月，他感到自己家裡非常需要這個發明。

接著是運動。從樹上垂吊兩條略有彈性的水管，地面有個木頭充當座椅，貼著木頭的是一個大型站立輪胎，他坐在木頭上，手拉住水管，背部後仰，緊靠在輪胎上，形成一個彎度，再利用水管的彈性，坐正回來。反覆多次，背部舒暢，手臂也運動到。依照我的經驗，若有坐骨神經痛，做這個運動，應該很快就會好！

當明義撈起鍋子裡的小米糕粽和肉卷粽，端到餐桌上時，我立刻就站在一旁等候。此刻，芒果王王朝賢繼續示範他的護膝，我只有偶爾轉頭去看一下。實在太餓了，四十八年來第一次做農夫，覺得胃口好好。後來我們狼吞虎嚥兩種粽子時，芒果王笑著說：在田裡吃東西是最好吃的，對不對！

這句話讓滿嘴塞滿食物，兩手滴著從菜葉流出來的肉汁的我，忍不住會心一笑：真的，食材從田裡取，在田裡製作、烹調成食物，然後現場享用。這樣好棒！

快吃飽時，我聽見我心裡有一句話，像是問我自己的：妳覺得台北的生活，像人過的，還是這裡的生活比較像是人過的？

怎麼此刻，覺得好幸福呢……？

高山上的演唱家

隨時都想高歌一曲，是王朝賢最有趣的習慣！

往霧台的路上，他沿途聊天、說笑。我們根本沒有翻譯在車上，但是他太想說話了，於是他滔滔不絕用蹩腳的漢語表達。他會手指比最高的山，說他爬過。開到瀑布，他會講以前四季瀑布都有水，現在氣候變了，要等下過雨才有瀑布。開到可以瞭望山谷的時候，他就讓我們下車看風景，順便高歌一曲「祢真偉大」（基督教有名的聖詩，全世界都有翻譯版本）。他站在高山上的路邊唱這首歌時，真的一邊唱，一邊隨著歌詞的意境，眼睛環視前方的高山峻嶺，揚聲舉手讚美上帝，低音、高音控制得非常純熟，我們讚嘆他不用吊一下嗓門，也不必清清喉嚨，說唱就唱起來了。

這是我第一次到霧台，就算以後有機會再到霧台，若是沒有王朝賢帶路，不可能會這樣好玩。

快到霧台前，公路旁擺設一座箭靶，有一對原住民夫婦在射箭，王朝賢牧師搖下車窗，射箭的男人突然嚇到，很快地又邊笑邊敬禮。老牧師下車加入射箭。說也奇妙，十分鐘內公路沒有半部車子經過，老牧師連射了好幾箭，非要射中箭靶才肯走。好不容易射中了，他又說要換個角度射，果然換個位置，射得更準，這次射中了紅心。

前面提到我們的目的地「霧台長老教會」——台灣著名的高山教堂，由原住民用大石頭建蓋的教堂。我們在那邊巧遇他的三子明仁。

這個教堂把舊建築拆掉，重建而成的，歷時六年。會花這樣長的時間，是因為大家決定要用當地的大石頭建蓋。而政府不准隨意採石，怕危害森林環境安全，所以必須靠村民慢慢收集大石頭，用自己的土地去跟政府申請「整地」，然後挖出大石頭出來。石頭的大小必須能夠適合建物所需，不然就要用電鑽切割。明仁告訴我們，這個教堂所耗損的切割刀，近達千萬。

「我記得有次拌混凝土的時候，很多老人家在這邊排成一列，每個人都要參與攪拌。比較有力氣的年輕人、中年人，有空就來做工，我們都是用奉獻的心要給上帝，也想到要留給後代去用。」明仁跟我們介紹，每個大石頭裡面都有鋼筋，這是建蓋高速公路所用的技術，石頭與石頭中間有鋼筋連接，再用水泥堅固架構。

進了教堂，我第一次見到這樣大的十字架，那是一棵七公尺檜木、壯碩無比的十字架。木頭上了亮漆，閃閃發光。十字架的背景是雲彩，應該說整個講台的背景圖是天空的雲彩。熟悉舊約聖經的人，不難聯想上帝使用雲彩帶領以色列人出埃及，以及上帝從雲彩中對先知說話的故事。

我們坐在教堂的二樓陽台，聽他們父子聊著建堂往事，一直到天色漸暗才離開。

第三天我們要離開前，按照計畫穿上原住民的傳統服飾，在石板屋前拍照。都結束後，我們把一身華麗無比的原服脫掉，坐在已經逐漸熟悉的大石板桌旁聊天。攝影曉恩直挺挺躺在桌面，享受四子明義所說的：石板越睡越涼，不會發熱，而且對骨頭很好。突然明義去屋子裡拿吉他出來，隨意地彈奏，下午徐風吹來，非常愜意。然後王爸爸又很想高歌一曲了，開始用魯凱族語唱「我知道誰掌管明天」，明義等了幾秒，抓到曲調後，幫爸爸伴奏，彈著彈著，明義竟然露出含情脈脈的微笑，看著唱歌的爸爸，手裡繼續用吉他幫他伴奏。這一幅畫面，對我來說，是相當美的。

我在那一刻，回想第一天二子王明忠牧師在石板屋幫我們翻譯，他和爸爸在回憶往事、談論牧會的心得時，他們之間的互動和表情，以及第二天到霧台教會，王爸爸怎樣跟三子明仁一起回顧建堂故事，還有此刻，王爸爸和四子明義的彈琴唱歌，這麼抒情動人的情景。當我把這些父子時光放在一起，發現我很喜歡王朝賢在聽兒子們講話時，安靜而面帶微笑的樣子；我也很喜歡，兒子在講爸爸的故事時，不是大笑就是敬佩的神情。如果王朝賢有什麼是我最敬佩和羨慕的，我覺得就是他跟兒女們在一起時，有種朋友和搭檔的感覺，身為外人，光是用眼睛看，內心就能感觸到「愛是最大的財富」。

金錢買不到的東西很多，而無價的東西並不遠，常常就近在身邊，其中「天倫之樂」就是。

調皮與認真的前輩

經過芒果園的武器大觀之後，中午我們按照計畫回王明忠牧師家午睡，打算養足精神，下午再出發到霧台去。

脫掉一身的農夫裝，洗完澡後，我立刻就呼呼大睡了。兩個小時中，雷聲大作，我起身確認了一下，雨並沒有下來，所以繼續放心睡覺。濃厚的

睡意中，感覺好像一直有人進出我的房間，但是我不打算搞清楚是什麼原因，仍舊繼續睡到鬧鐘響起才爬起來。等到三點鐘快到了，我為了準時赴約，到曉恩睡覺的房間門口敲門和叫人，但是他顯然睡到不省人事。這時候雨下來了。我決定避開這雨，緩半小時出發，利用這段時間繼續叫攝影師起床。

三點半冒雨跑到王朝賢家裡時，他已經很著急地等在門口，原來他根本就沒有午睡，從聽到雷聲，他就憂心會下雨，所以一直打電話給我們住所的外婆，叫她催我快點出門，所以這就是為何我睡覺時感到幾度有人走進走出。由於外婆非但沒有提前叫醒我們，我們還遲到半小時，這件事情在那天的下午和晚上，被他念了三次。

當王朝賢望著大雨，問我現在該怎麼辦？我說，最好照計畫出發去霧台，可能半路雨會停。他打電話到霧台教會，竟然霧台沒有下雨，我們彼此很篤定地對望一眼後，就決定出發了。

隔日的上午，我們約好穿傳統服飾在石板屋前拍照。早上我跟小王牧師求證，大王牧師是否非常在意準時，他們夫婦說沒錯，而且最會遲到的就是小王一家人。我因為記取昨天教訓，又得知他為人如此，當天非常準時地帶攝影師出發到他家去，他一開門看見我們站在門口，還有點嚇一跳。

但是我沒有想到，他不但準時，做事還要很精確。他望著我一身便裝，疑惑地問我說：你不是說，我們兩個都要穿原住民的傳統服飾嗎？

我愣住，原來他有一張我出發前寫給小王牧師的企劃案，講到我想跟他這樣拍照。我沒有料到小王牧師真的有拿給大王牧師這一張企劃。可是一早我改變了主意，偷懶不想拿珮雯衣櫥裡厚重的典禮大服，出門前還跟攝影師說，今天你拍王朝賢前輩就好了。此刻，我實在不知道如何解釋，只是一味地說「拍你就好」。但是他的眼睛還是不解地盯著我看，想要明白我為何沒有照計畫進行？

我只好奔回小王牧師家，從衣櫥裡挑了一套，重量大約五公斤的禮服，掛在手臂上奔回現場。到了大王牧師家，包素香師母拿出她的配件，想幫我配「全套」，突然許瑞珠師母的休旅車出現在門前，她下車後開始指揮我怎樣穿戴。十分鐘之後，只聽見曉恩不斷讚嘆，說我變成原住民美少女了。這時候一旁觀看的王朝賢前輩，感到自己「半套」原服不夠看，轉身進屋把下半身也換正式，腰間的青銅刀也配帶出來，頓時一股PK的味道跑出來了。

我才剛穿好衣服，發現前輩一不做二不休，也給攝影師曉恩備好一套，跟他一模一樣的閃亮原服，連青銅刀也賜給他一把。石板屋前好像要拍一場電影一樣地熱鬧。

王朝賢前輩這種調皮、活潑的個性，沒有人不喜歡的，如果你要成為受歡迎的長輩，這點一定要學習。只是四十八歲的我，要怎樣在三十四年後，像他一樣活潑和調皮，我是一點把握也沒有。因為王前輩連午睡都不太需要，我每次採訪完他，都累到只能呼呼大睡。我到底要怎樣跟他學習？我需要花很長時間想這件事情。

夫妻白頭偕老，和樂融融

包素香師母的漢語如何，我三天內只有聽見一句「還沒有」，那是我在田裡廚房問她說：要開始煮飯了嗎？她回答我的話，其他就沒有了。

她不論務農或是做飯，身手敏捷快速，沒幾下功夫，不是菜葉摘一大籃，就是小米捲包了好幾條，連頭上的花冠做來也流暢迅速。這讓我想起名古屋的現代陶淵明——津端修一和津端英子也是如此。這兩對夫妻一整天工作、生活在一起，彼此分工合作，在田裡、家裡，兩人看似各做各的事情，到最後兩人要將成果合在一起才算真正完成。

我想這份幸福不是婚前能協議或是預料的，連英子都告訴我，婚姻的頭二十年，她適應得很辛苦。這兩對夫妻的另一個共通點，就是妻子長年以丈夫和家庭優先考量，盡力配合，而丈夫隨著年齡越大，越懂得感恩，甚至反過來成全妻子的願望。修一是五十歲提早退休，返鄉築夢；王朝賢前輩七十歲退休，跟妻子回到三地門，陪她務農。

在芒果園，包素香師母包小米捲，前輩坐下來，在她旁邊削地瓜皮，後來這些地瓜跟著花生仁，被煮成甜湯。他削完一鍋，說：「我從來不覺得我在工作，我覺得我們是在田裡玩。」

王朝賢退休後在三地門定居，第二個人生那時才開始。七十之後，從牧會到務農，第二個人生已經走了十二年。

我才四十八歲，我把王朝賢前輩的笑容、敏捷的身手、調皮的個性、服務的熱情、工作的活力、美滿的家庭、多才多藝放在一起，拼出一幅快樂的人生圖畫，然後告訴上帝：幫助我，有些事情我可以努力，但是大部分其實是祢的恩典，請祢將這一切的寵愛，也賜予給我。

至於，雄鷹飛翔的高度，往後我想每年到三地門休息幾天。我不要等六十歲，應該現在就能安排，每一年回到這個帶給我夢想和力量的地方。

在雄鷹飛翔的高度狩獵最棒的人生！

在雄鷹飛翔的高度狩獵最棒的人生！

注❶：好茶村位於北大武山背側隘寮溪河谷，「好茶」一詞源自「Kochapongane」（古茶柏安），意即「雲豹的故鄉」。好茶村落分為新、舊好茶兩個地區，舊好茶是指魯凱族在北大武山的舊部落，位於隘寮南溪中游，海拔九百二十公尺。新好茶則是民國六十七年由北大武山遷到隘寮南溪的新部落，即現今的屏東縣霧台鄉好茶村。至民國一百年，魯凱族的好茶部落終於搬遷至禮納里，和排灣族的大社、瑪家等部落共同居住於同一塊土地。（網站資料）

注❷：奇那福（cinavu，魯凱族語cinabuane）是一種著名的排灣族傳統食物，芋頭粉裹住豬肉，再放到葉子裡面包起來。最裡層的葉子ljavilu很嫩，可以吃，外層的葉子就像漢人的粽葉一樣，不能吃，只為了把料紮好。

注❸：小米糕（Kinpelj，魯凱族語abai）是排灣族最高貴體面的食品，小米磨成粉，再揉成麵團，鋪在粽葉上，再放入醃好的豬肉和其他配料，最後捲成長條形的粽子。等煮熟之後，再切塊吃。

注❹：嫩的葉子包在最裡面一層，可食。這種葉子叫做假酸漿（ljavilu）。為排灣族傳統主食不可或缺的植物，專門用來包小米粽，在小米麵團內包豬肉、芋頭乾等食材蒸煮，製成小米粽（cinavu）贈送親友，平時則將其嫩葉煮湯食用。

注❺：王朝賢在健康上面，有多項傳奇的記錄，一個是至今沒有假牙，一個是他很少生病，而且喜歡吃冰涼的東西。當感冒嚴重時，他會先去吃冰，再去看醫生，免得看完醫生就不能吃冰。但是常常吃完冰，身體就好了，不用看醫生。他特別交代，這是他特殊體質的緣故，請大家不要模仿他。

每個人都有禮物，看你怎樣用

王朝賢前輩，你給了我一個禮物，就是以自己所擁有的，作為你的特色，並榮耀上主，而沒有妄求不屬於你的東西，去模仿別人，或是浪費時間去成為別人所期待的英雄。

台灣人喜愛旅遊，霧台長老教會的英姿早已經在網路上廣為人知，你是那個教會聘任最長久，達四十年的牧師。在魯凱族長老教會的宗會中，你也是德高望重的老前輩。

其實你大可以說自己是個受歡迎的講道牧師、原住民福音宣教的先鋒、霧台教會的開拓者，那代表上帝給了你的恩賜是：宣教、講道。但是你向我介紹你的專才時，帶著可愛的笑容，語氣喜樂地說：

「上帝給我的恩賜是『修理』。」

你真的顛覆了我。

顛覆了一個在台北做了十五年的基督徒，活在台灣基督教圈主流文化，追求「恩賜」、「五重執事」的價值中。我們長期被教育的是，基督徒應該追求上帝給予的特別恩賜，例如先知預言、醫病、音樂敬拜、領導、牧養、禱告等等，然後被分派到一個服事的角色，例如宣教士、教師、牧師傳道、執事、小組長等等。

當你挺起胸膛、滿臉笑容，堅定地說出：「修理」，在台北都會，這答案就好像你該去當教堂門口的管理員，或是大家散會後，默默在收椅子、整理公物的總務。然而，你卻因為修理而成為霧台傳奇人物；你因為開鎖和發明工具，成為弟兄姊妹眼中的神人。

而我可能有超過十年以上的時間，在研究講台上的成功典範，並且跟隨他們的作法，希望自己有朝一日成為他們，或是有朝一日複製出他們的成功。雖然這五年來，我已經知道要認識真實的自己，要走出一條自己的路，我也認為我已經打破過去成長的框架，但是遇見你之後，發現我的大部分還是在這個框架。

我雖然丟棄了眾多偶像（成功典範或法則），但是我仍在想，我該做什麼，我該成為什麼？其實已經存在在我生命中的一切，已經足以榮耀上帝。那些我需要的答案，不在外面，已經在我裡面。

我要學習像你那樣可愛地、興奮地告訴別人：我的恩賜是修理！

上帝給我的恩賜是：寫作和講話，還有作白日夢所培養出來的想像力。

有好多年，我都在學習別人有的長處，也相信成為某種人會比作自己更有價值。十幾年後我繞回來了，今天的我，把大部分的時間花在寫作、講話，用想像力在做未來的夢想。此刻，我期待當我這樣做時，那最適合我的、最大能夠貢獻給社會的工作，可以像你一樣，開闊地延展開來，而且自己內心能夠充滿喜樂。

助人很好，但是你因助人而快樂更好

很多人年輕時選擇從事「助人」的科系或是工作，但是理想歸理想，能走多遠，其實個性很重要：喜歡人、與人接觸時會產生活力、親力親為、開朗正面、以服務為樂。

如果一個人因為崇高使命或是形象，而感到自己必須助人，並視之為犧牲奉獻的事情，他可能會擁抱痛苦，然後這份痛苦或者磨練出他超然的靈性，或者讓他活在壓力下而累積成疾病。但是，如果像王朝賢有這份助人為樂的天然個性，他作牧師就是最快樂的決定，他不是因為作牧師必須助人，所以犧牲自己；看起來他是因為助人會快樂，所以助人。這個個性，讓他卸任之後的十二年，還在不斷地助人。

從霧台退休後回到三地門，他告訴當地的教會牧師和村民：「我要做你們隨時的幫助，要我幫忙就告訴我。」據說，退休後每個月他固定為將近兩百人禱告，我曾經聽珮雯說，爺爺會打給原住民從政人員，不管熟不熟、認不認識，爺爺會請對方跟他一起在電話中禱告。而地方上的婚喪喜慶，他一定出席，甚至牧師出差無法主持時，他立刻就承接起來。

我常常看見他做事情時在笑，做完後有種滿足的神情，所以他到底是在工作還是在玩，是在服務還是在享受？如果沒有這些分界，人跟自己、跟他人、跟神是何等和諧啊！

我回想他幾個兒子跟父親一起回憶霧台牧會期間的往事時，他們跟其他神職人員最不同的，就是沒有羅列自己的苦難和委屈，他們都在講：

「神蹟」——上帝的奇妙作為

「爆笑事件」——人的幽默能力或是糗事

「英雄事蹟」——霧台弟兄姊妹的團結與愛教會的行動

「助人」也是我個人生命多年的課題，我沒有王朝賢前輩這樣外向的個性，以及上帝給他的熱心。我是從理性認同起步的助人者，但是天然個性有很多格格不入之處。我經歷到，在助人的起步，我們會在他人的領導下開始，聽從他人建議和作法，或是尾隨在一套系統制度下去做。但是透過行動，其實比助人更重要的，是認識自己，進而不斷面對自己的真實，然後在實務經驗比較成熟之後，從自己的長處和特質，重新去設計或是選擇，更能幫助他人的場域和作法，我認為助人這條路就能走得更有熱情、走得更遠。

台東

黃清泰

生命需要不停地相信，不停地去實踐

關於黃清泰，最新的話題是，他在二〇一五年八十歲生日前一天，為自己辦「生前告別式（注1）」

他回想起那天，忍不住笑了。

黃清泰：「這個告別式很有意思，舉辦之前，家人討論：我是應該躺著被抬進去，還是要坐著被抬進去？朋友傷腦筋：該包紅包，還是白包？」

TW

「告別式那一天大家都好開心。又拍手、又唱歌、又好笑。我的長孫幫我『捧斗』（注❷），他說他用他的感情為我畫了一張人像，我們笑說那是『Q版的爺爺』。我們在家裡討論儀式怎樣進行時，這位孫子突然一句：那告別式之後，大體不就退冰了？」

我聽到這邊，不知道身為讀者的你，作何感受？我覺得這孫子好大膽，怎麼用「大體退冰」跟活生生的爺爺開玩笑。我還在皺眉頭，黃校長卻好高興地告訴我：

「我覺得這句『大體退冰』好棒。對！我的心，要像退冰一樣，過去的恩恩怨怨，都要讓它過去，我的心要融化。」

這樣念頭是怎樣來的，為自己辦生前告別式？

黃清泰：「十幾年前我參加一場追思禮拜，死者景妹是我在『長青養護中心』（注❸）的重要幹部。她是一位虔誠的天主教徒，當天主持的是一位印尼來的神父。我因為在公東高工二十七年，對於白冷會神父很熟悉，但是這一群歐洲來的神父，很多都告老還鄉，不然就過世了。那天的印尼神父我很陌生，中文也講得很差，我懷疑他要怎樣主持？結果，他只有簡單地說：『景妹和她的家族現在在你們的面前，如果她有對不起你們的，你們現在就原諒她；而你們有對不起她的嗎？如果有，你們等一下到她面前，也在她家人面前道歉。我們要彼此饒恕，讓景妹沒有牽掛地去天國。』

就這麼簡單的幾句話，震撼到我。

我當基督徒那麼久，從來沒有追思禮拜發生這樣的事情，不曾聽過牧師或是神父講這樣的話。十幾年了，我一直把印尼神父講的話放在心中，因為我想啊，我這個牛脾氣，一生不知道得罪多少人，講過多少傷人的話？

我會不會來不及說再見？

我會不會來不及說道歉？

所以快八十歲時，我決定要辦自己的生前告別式，因為我想要說再見、道歉、道謝。」

告別式那天，有兩位牧師在現場接受他的道歉，還有多位親人接受他的道歉。其中我很感動的是，他向我提到他對不起一個親人，已經過世，來不及道歉。只因為他的兒子讀公東高工時，正值他擔任校長期間，這晚輩因為被當掉兩年而離開學校，「你知道嗎？那一年被當的兩名學生，一位是天主教徒，一位是基督徒，我要怎麼辦？我必須公平，沒有人可以說情。」（公東高工是知名的天主教職業技能學校）他公平處理的結果，卻傷害這位親人的心。

我聽完，不知道面對這樣崇高的正直和一份愧疚的心情，我該說什麼？

可以忍受孤獨的，才會當革命家

到底黃清泰前輩得罪過多少人，又為何得罪人？如果你把網路上的報導看一遍，可能還不夠瞭解。

「後車廂有我兩本自傳，第三本還在寫，妳拿回去慢慢看。」他從太麻里送我們回到公東高工牽租來的摩托車時，順便拿書給我們。

這兩本自傳當然不是在清點他得罪誰，而是他要透過自己經歷的幾個重大工程，記錄兩家教會醫院的歷史、台東醫療改善的歷史、台東老人照護工作、花東社區工作的歷史、台灣外籍神父、宣教士的歷史……。

第一本《行在崎嶇路上——與建馬偕醫院台東分院軼事》，第二本《東基向前行——看守神的產業》（東基指的是「台東基督教醫院」）。我訪談黃清泰校長時，聽了很多故事，覺得他實在太耿直、太熱血、太理想。雖然，我非常認同他所有做過的「利他行動」（辦教育、蓋醫院、蓋養護中心、給老人送飯包、花東社區工作等等），在下我也是相信著：「有所為總比出一張嘴什麼都沒有幹好」、「做多難免會有錯，但是寧可錯，不要什麼都不敢做」。只是，他身在長老教會體系，卻像個革命家一樣，非要撼動董事會的決議，非要力爭到底，如果什麼辦法都試過了，卻還受攔阻，他就找外援，再回來董事會翻案，變更先前的決議。我感到這樣的個性，不論是帶給自己的壓力，和對他人的砲火，兩方面來說都太猛烈。

那天我坐在他的小車子裡面，往返台東市與太麻里，他邊開邊講故事，我在聽的時候，一直在考慮他的風格問題。等我回家，花了兩天讀完那兩本自傳，我就懂了，他當年不這樣子，可能就沒有今天的馬偕台東分院，而一九九四年搖搖欲墜的東基醫院，要不是他跟宣教士蘇輔道醫生，以及後來的呂院長「在忍耐中堅持，在委屈中前進」，那麼東基的歷史，就不會是擴建，而是關門大吉。

我不禁問我自己：什麼是我的正義？

我除了經營出版社之外，有十多年的時間，投入在一個非營利組織，做服務人群的工作，後來又擔任該組織三年一任的執事之一。最早，只是在平常的義務服務之外，額外加入這個例行會議。幾年後，在眾多善心人的捐款下，組織啓動了某個大型計畫，不料，伴隨著這個計畫，卻是層出不窮的疑難雜症。第三度被提名常務執事時，內心有很大的掙扎，因為我欠缺相關專業背景，來探究這個案子；就自己能理解的部分，我其實有不同的意見。照理講最好的對策是推辭，但是顧念十多年的情誼，還是勉為其難地答應了。

那是兩年多年的事情了，印象很深刻的是，我一度煩惱到打電話給王秉鈞神父（注4），那年七十三歲的他，聽完我內心的掙扎後，問我：「你是因為害怕，所以想要推辭這席次？」、「你有問過上主，為何多年來會在這個位子？這不是上主希望的嗎？」、「你害怕的事情，是否就是你應該去面對和承擔的事情？」沈默一陣子的我，只記得最後他說「不要因為害怕這個理由而退出，要去禱告，問主：什麼是你該做的。」

拜訪完黃清泰前輩的日子，離我第三任結束只差半年。我把黃前輩講的話，來回在腦海中倒帶，然後回想著過去兩年半來，自己在常務執事位子學到什麼、做了什麼：

我學到最多的是程序正義。不管我有多麼認同一件事，也看見大家多麼辛苦，但一件事情怎樣踩好每一格階梯爬上去，需要充分溝通、過程透明、讓專業超越個人主觀、堅持正當程序、承擔責任。這些曾經完全在我的腦袋外面，現在已經是我生命的一部分，也在這段期間成為程序正義的主張者。

在悶熱的八月天，我兩天沒有去上班，留在家讀他的兩本自傳。我不過就是膚淺地經歷過一次非營利組織金額龐大的專案，但是黃清泰卻屢屢在這類的專案中出生入死。試問我自己：未來，你能為一件自己認為對的事情，義無反顧、即使被污名化，或是被轟出會議，仍舊堅強挺立？

幾分鐘後，我眼睛溫熱濕潤，胸口愁悶，我把自己放在黃前輩當年的光景和他採取的行動時，體會到他那樣好痛苦。

在一九八二年他被長老教會德高望重的盧俊義牧師提名，當上馬偕醫院基金會第二十九屆的董事之一。在第一次出席會議時，聽見馬偕醫院要花二十億擴建淡水分院新醫療大樓，身為台東人的他瞠目結舌，忍不住喊出

「只要三億，就能在台東蓋醫院了！」這非但不在討論章程，也根本沒有人附和他。但是他想到台東人長年在醫療資源貧瘠的環境下，只要有人患重大疾病，往往傾家蕩產、家人長途跋涉送病人到另一個城市去就醫，付出比台北人更高的醫療成本。

台北人是上帝所愛的寶貝，台東人不是嗎？

此後每次董事會，他一再提議，但其他董事態度冷淡，最大的原因，他個人認為是財務考量，「當時很多董事認為，去台東蓋醫院，肯定血本無歸，也不會有足夠的專業醫療人員願意去台東！」。他以「馬偕博士的精神就是去沒有人要去的地方，做沒有人要做的事情」主張，就算不賺錢也應該要去台東設立分院。到了一九八三年，黃清泰爭取到台東縣政府撥了一塊公有地，邀請馬偕醫院到台東蓋分院。董事會第一次遇到這種事情，也就沒有道理不列入正式討論議題了。從此以後，黃清泰一方面要奔波在多個公家單位，辦理撥用土地的作業；另一方面繼續與反對興建台東分院的董事們，針對財務風險與專業人士意願不高的兩大議題上面，進行激昂的辯論。

為了不讓台東縣政府等候太久，造成節外生枝，黃清泰於一九八三年的九月希望董事會以表決方式，做成定案。我想那是黃前輩一生難忘的畫面，就是在表決要進行時，有一位董事坐著輪椅，吊著點滴，由護士推進會場，高聲反對他認為會血本無歸的投資。黃清泰和這位董事尖銳對罵當中，甚至說出：「台東原住民牧師連阿斯匹靈都沒得吃，哪會在這裡打點滴！」

當天票數以七比六，贊成票低空飛過。

「我確信如果是合乎上帝的旨意，祂會親自帶領，我願衝鋒陷陣，赴湯蹈火在所不惜。」這是他自傳中寫的。

從投票那天到一九八七年八月醫院落成，這段日子，黃前輩、建築師、馬偕醫院團隊、相關地方政府機關的辛苦，讀者們要自己想像了。接著，很不可思議的是，台東馬偕醫院營運幾年後，台東基督教醫院生意清淡很多，加上全民健保正式實施，這家最多外國宣教醫療人員，榮獲國家醫療奉獻獎的醫院，竟然搖搖欲墜，面臨關門的危機，一九九四年黃清泰受邀擔任董事會其中一席（在此不久前，黃前輩才因為輕度帕金森症而就醫（注5）），一九九六年東基因為經營權換人，重組董事會，大家要選他當董事長時，他嘴巴雖然說「你們不要開玩笑好嗎！」但還是當選了，並且承擔起挽救東基關門命運的重責大任。

「這些偉大宣教士創辦的醫院，不能結束在我的手中，大家以為我是末代董事長，說實在的，我當時也是這樣覺得，但是沒想到，竟然在最困難的時候，卻擴建起來！」

二〇〇三年，這家醫院非但沒有倒閉，醫院舊大樓整修之外，還蓋起了十一層的新醫療大樓。

這段歷史寫在第二本自傳，有很多錯綜複雜的情節，有感人的宣教士故事，有經營權轉移的驚險，有令人嘆息的人事鬥爭，有各界出手相助的鼓舞，有艱辛尋找醫療人才的過程……。

記得前面黃校長說，「我這輩子得罪過很多人，說話傷了很多人」。除了剛才「吊點滴」那段。他的罵人風格還有另一經典橋段：一九九八年黃前輩撰寫「看護工培訓」計畫書，向勞委會申請經費，委由東基來舉辦。結果正要開課前，衛生局接獲「護理工會」的檢舉，表示「看護工」有個「護」字，違法「護士法」會侵犯到護士權益。黃前輩反駁說：我們這不是醫療行為，是傳授老人養護知能，要是因為「護」這個字違法，那「法院觀護員」

也有「護」字，還有中華街「護」膚中心做色情行業的，你們怎麼不去取締？

我在家讀到這段，笑歸笑，真的也就不懷疑他自己說的，他一定說話得罪過很多人。

「我是個毀譽參半的人」，黃清泰前輩跟我說過這句話。

有這句話，對於事後還要寫稿子的我來說，拿走了心理負擔，不用擔心受訪人是否希望被寫得很可敬。

倒是我常常回味這句話，問自己說：如果你終其一生，沒有敵人也沒有討厭你的人，只有誇獎沒有批評，你可能要很留意，自己是虛偽到了極點，還是一事無成？

大約黃昏了，自傳讀完了，我在椅子上歇息，閉目安靜了十幾分鐘，我想著先前假設的問題：未來，你能為一件自己認為對的事情，義無反顧、即使被污名化，或是被轟出會議，仍舊堅強挺立？

我看見自己好像一隻地底下的土撥鼠，黃前輩是一隻天上飛翔的老鷹。未來，我似乎永遠不及他。但同時，結識了黃清泰前輩之後，我也無法再是過去的我，似乎內在產生了很大的變化。我開始相信，會的，我可以的。

IEFP

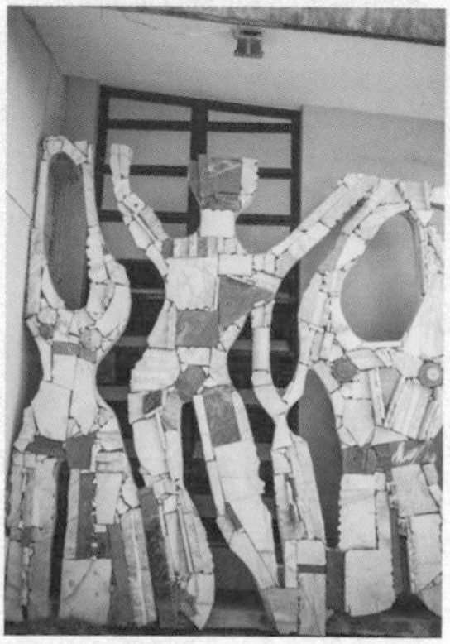

他是永遠的老師，到現在還是懷念公東高工

拜訪黃校長那天，上午我們先跟他去台東長老教會做禮拜。中午各自回去休息，約下午兩點在公東高工門口見面。

上午因為我們遲到幾分鐘，看見他等候在門口，而且看來已經站了好一會兒，心裡覺得抱歉，所以下午我們特意提早十分鐘，想換我們來等他，沒想到，他人又已經等在那邊。

校長，你怎麼又提早了？

當然要提早，這是瑞士和德國的訓練，要提早到，不是準時到。

《公東的教堂——海岸山脈的一頁教育傳奇》（范毅舜／著）引起台灣人參觀公東高工的熱潮，聽說連日本人也慕名而來。「公東的教堂」蓋在最早的校舍頂樓，被譽為「科比易式的清水模建築」。我在那本書裡面讀到這個學校和頂樓教堂的歷史與建築介紹，還有相當多位台東白冷會神父的宣教故事，其中一小段文字提到有一位台灣人校長黃清泰，我閱讀時很好奇，這位台灣人是怎樣跟歐洲神父合作的呢？書裡無再多的著墨，所以我就來台東想要見

見他。

在攝影家范毅舜的這本著作中，將創辦公東高工的瑞士籍白冷會錫質平神父，在台灣東部服務三十二年的事蹟，做了相當詳盡的描述，而且作者透過錫神父的幾個故事，把他的宗教精神表露無遺，令人感佩。

黃校長當過公東其中一任的校長，也是這所學校第一個台灣人校長，但是前後有長達二十七年教學資歷在此。

他在一九六〇年進入公東時，原是一位數理老師。一九六九年在白冷會協助下，他前往歐洲進修，先是讀瑞士伯恩技術學院，由數理改學木工，再去德國接受「高職校長」訓練。當時公東高工跟我們的教育廳所推行的升學至上價值是迥然不同的。這些東部的孩子，會進到公東就是對技術有興趣，而不是為了念書升學，錫神父因為來自歐洲，專業職能學校在歐洲是非常被尊重的，各種技工不單要學技術，還要學經營管理、簿記等等，畢業後直接創業。長久以來，神父們就是堅持走「師徒制」，所以不但從歐洲聘請外國技師來教導學生，學生也收不多，從十幾位學徒到黃清泰當校長時，也才八十幾人。

黃前輩說，「我當校長時，把降旗取消，因為學生到了下午滿身都是黑的，手也沒辦法做別的；還有課後輔導，何必要他們讀那些讀不來的東西，我也取消。反而那時候，公東因為學生少、財務沈重，錫神父有考慮把學校送給政府，我堅持反對，開始『接單生產』。他說：我們有人、有機器，我們可以自給自足。這一步『學校即工廠，實習即生產』，造就出後來台灣木質家具業、機械製造業的高材生，不但每年國際得獎不斷，台灣各醫院病床的訂單接踵而來。」

黃清泰一九七五年學成回來後，一九七六年就接掌校長。當時天主教界為之譁然，怎會有基督徒擔任天主教學校校長這種事情？黃前輩回想起來，「當時我壓力很大，各種抹黑、謾罵、挑撥不斷出現，後來做一任就不做了，但還是留在公東，直到錫神父一九八五年過世，兩年之後我才離開公東，轉到私人企業去工作。」黃校長帶我們瀏覽校園，十足就像是他另外一個家，而且他還會自己停步下來，然後盯著校舍說：「好懷念、好懷念」。雖然他只有做過一任校長，但是台東認識他的人，全部叫「黃校長」，好像他沒有卸任似的。特別是當黃校長掏出教堂鑰匙開門時，你更有一種「他是教堂管理員」的錯覺。

單色調的清水模灰牆、台灣特有的紅地磚、木椅、由多個光源入口的光影，這一切就像范毅舜攝影家的影像一樣美麗。黃校長指著其中一塊破掉的窗戶說：「這些彩繪玻璃是在瑞士做好運來的，這一塊呢，被黛娜颱風(注❻)吹破了，我們在想辦法聯絡當初設計這圖像的人，或是找出原始稿件出來，因為不能隨便補，它這個風格很抽象，沒有辦法自己弄一個，會四不像。」然後喃喃自語說：「要來跟藍校長(注❼)說，這件事情要快一點……」

黃校長逐一跟我介紹教堂的設計後，我們坐下來聊。

你這一生在台東做很多善行，請問你有受到錫神父的影響嗎？

「有，他影響我很大」他很肯定地說。然後我看進他的眼神，那眼神很誠懇，充滿了懷念和敬仰。「你知道他最早先去中國傳教，後來被驅逐出境，才來台灣。他來台灣之前做了一個夢，天主告訴他，要去最窮的地方傳福音。所以他最早不是到台東市，是大武再進去一點的南興村(注❽)，一個很偏遠很貧窮的部落。他創辦公東之後，又回去大武天主堂服務，他真的是哪裡貧窮就去哪裡，這個精神影響我很大。」

我從黃校長一生投入過的無數善行，看見天主教白冷會神父們，還有東基當年從海外來的基督教醫療宣教士，怎樣傳遞了「服務與奉獻」在他身上。

他描述東基美國籍蘇輔道醫生在醫院營運虧損最大時，譚院長告老返鄉，他默默接掌院長，天天忙著給病人開刀，等到要返回美國時，連機票也沒有錢買，後來在好友主動的援助下才有旅費和機票。「他一生都奉獻給東基，這些醫療宣教士都是回國去募款給台灣，自己在台灣工作卻不領薪水」，台灣人中好像沒有人跟黃清泰一樣，有幸能跟天主教界、基督教界，這樣多形同傻瓜、瘋子的宣教士一起共事。

或許是因為這樣，八十歲的他還在「工作」，他還有講不完的計畫，我一天聽下來，已經不知道他一個人要怎樣做完？但是，我又相信他想做的，都會完成。

原民部落木工坊，快樂的無薪校長

我這一生沒有坐過八十歲老先生開的車子，我不太清楚該不該害怕。跟我一起出差的年輕編輯林孟儒，很快就在後座睡著了。

黃校長開車帶我們到聞名遐邇的「向陽薪傳木工坊」(注9)參觀，適逢週日，木工廠安安靜靜地關著門，一頭被當作寵物的小野豬，聽見校長叫牠的名字「阿寶」，牠急奔過來，給校長摸摸頭。

木工紀念品販售部、咖啡吧台已經忙了一天，就要打烊。在這裡上班的年輕原住民婦女，正預備帶小朋友們回家燒晚飯。黃校長很溫柔地問她，「可不可以幫我們煮幾杯咖啡再走？我們想要在戶外陽台上喝。」他還保證喝完會收拾好杯盤，讓她隔日來好處理。

販賣部裡面擺設得很有部落情調，木頭做的積木、撲滿、咖啡杯、盤子、拖盤、椅子，絕對會讓遠離塵囂跑來這裡的都市人想要擁有。

沒兩下，黃校長又東指西比，講起正在進行的計畫：

「這個是我們快蓋好的比薩屋，看，烤爐！等那面彩繪玻璃窗做起來，就差不多了。

這些校舍會改成民宿，我正在跟我們幹部商量，要包裝一個兩天一夜的行程。在這邊做木工體驗、然後帶去泡溫泉、再去多良部落體驗原住民的生活、然後海邊走一走，我想讓部落的人可以有旅遊產業。

我們這個木工廠現在差不多養了二十個員工，你知道嗎，那就表示有二十個多良部落的家庭，生活可以安定，不用離開他們的部落。」他轉身用指頭一比，讓我們知道部落在哪裡。

來到多良之前，黃校長其實是先帶我們去位於台東國立大學的木工教室。由於台東大學逐漸遷移到知本，原本在市區內的校園，空了一些教室，黃清泰和木工坊租下一個教室，不定期開課，毫無門檻，誰都可以參加，六堂課可以讓學生做出桌子、椅子帶回家去。「我們現在在研究『遠距教學』，怎樣讓全球的人可以跟我們學木工，然後要發表作品、參加我們的口試，最後取得『木工師傅』文憑。」我問他怎麼可能發文憑？他很輕鬆地告訴我，他們想要跟國際性非營利組織FABLAB合作，目前正在研究中。

我一天算下來，他最簡單的計畫是DIY協會(注⑩)、比薩屋和兩天一夜多良之旅，比較困難的是公東教堂那塊彩繪玻璃要補起來，而最讓我驚訝的是，他要在網路上做遠距教學，延續師徒制技術傳承的價值，並且嘗試用新科技，讓工藝的創新可以有更大的可能性。

根據可靠的調查，做木工的人快樂指數是最高的，很多人學木工不是為了賺錢，是為了抒解壓力、治療身體、沈澱人生、找尋肯定……所以黃校長說他們要一直開課教下去。

我跟黃校長聊了一段我們基督徒的圈內話。

問：你過去都怎樣尋求上帝的旨意？而現在，你認為上帝在引領你走一條怎樣的路？

答：我不知道。人家常說，要「等候」神的帶領，要「尋求」神的心意。我相信「等候」是一種信仰態度，但是個性的關係，我無法「等」。我用的是理性分析，只要我認為「該做」的事情，我就去「做」。

基督徒會遇到的困難比一般人要多，怎樣克服，是我的責任。那你說，上帝有沒有跟我同在？如果今天你叫我重新來過，我不可能去搞一個台東馬偕醫院，然後又再弄一個東基擴建。

那麼，當年是怎麼辦到的？我不知道！我覺得是上帝，不是我。沒有上帝，根本是不可能的事情。

問：聖經那一段話，影響你最深？

答：彌迦書六：8「世人哪，耶和華已指示你何為善。他向你所要的是什麼呢？只要你行公義，好憐憫，存謙卑的心，與你的上帝同行。」我所做的一切，是因為我認為：信仰是需要實踐出來的，而你要等到去實踐了，你才能查驗你的信仰。

跟「未來的我」對話「我的未來」

從多良回到台東的路上，太陽逐漸西沉，天色越來越暗，我感到跟黃校長道別的時刻快接近了。所以我想跟他講一點關於我的事情：

我跟你一樣是基督徒，有十五年的時間，花很多時間在教會當義工，我一直在做的就是傳福音。七年前開始我認識了幾位神父、修女，他們沒有做什麼偉大的事情，只是很多小小的事情，但是那些小小的事情，常常感動我的心，我開始省思什麼是「福音」？福音除了用傳的，原來還有一種叫做「活出來的福音」。

黃：「就是我說的，信仰對我來說，就是實踐。」

我常常談論到神父和修女，後來我從別人的眼光，發現我引起一些人的困惑，我不禁問：我與天主教往來的行徑是否讓教會的人感到困惑？我會令他們擔憂和尷尬嗎？即便我聽過有些牧師在講道時，引用教宗方濟各或是單國璽神父的言論，但顯然那不代表我可以常常跑到天主教那邊去。

黃：「我明白。你知道嗎，錫神父出殯時，我捧著他的照片，有天主教徒就說：『公東高工要給這個人繼承了！這下不得了了』所以隔兩年後，我就離開了。天主教和基督教在台灣會不合，是有歷史背景的。二次世界大戰後，台灣光復初期，美國給台灣的救濟麵粉，是交由天主教和基督教來發放。結果誰有麵粉，民眾就往那個教堂去，剛好那時期，長老會發起倍增成長運動，所以天主教和基督教，為了美方麵粉的分配，關係就開始緊張起來了。」

我在天主教那邊不能領聖餐，我在基督教這邊感到有一部分的我被拒絕了，有種孤單，後來我慢慢減少教會的工作分量。我回頭看我的出版社，我發現這才是我的事奉。我成立「熟年優雅學院」，我開始在職場上，實驗怎樣活出福音，我要怎樣跟社會連結，怎樣在與我信仰不同的人群中，活出耶穌的生命。在職場上，我不用再擔心別人的眼光，最終我們要交差的對象，是上帝，是祂怎樣看我們……

黃：「不論是基督教、天主教，我已經獨來獨往很久了。凡是對的，我就去做，其他就不管了。」

我知道這兩邊都是好的。現在我舉辦的活動，天主教界、基督教界的朋友，我都請來，我不管了。

黃：「台東長老教會在兩教合一上面做了最好的榜樣。民國六十年時，我們教會重建，我請了瑞士天主教白冷會的傅義修士(注⓫)設計了現在的教堂，你看裡面那個扇形的座椅，還有跟公東教堂一樣的天窗設計，一樣的木椅。清晨和傍晚，光線輪流從東側、西側門窗映入，白天不必使用照明設備。

還有啊，外面那排用大理石碎片砌成的宗教藝術牆，是有多項藝術天賦的蘇德豐神父(注⑫)做的，在自然光的投影下，非常美麗。你有沒有發現，那些人物是原住民在跳舞，用此來表達對主的頌讚？為何要用碎石來砌成？是為了符合聖經：『他是你們匠人所棄的石頭，已成了房角的頭塊石頭。』，以及『殘缺者可以就近主』這樣的意象。

教會改建的那兩年，我們去哪裡主日聚會？就是在天主教培植院(注⑬)。

幾年後，有一任牧師說要拆掉教堂重蓋，想要多蓋幾層樓。我跟他說：如果你敢，我跟你沒完沒了；如果你真的敢，我要把這幾座石雕藝術搬到小馬(注⑭)放在天主教白冷會神父墓園的旁邊，不容許破壞。」

在車上，我沒有寫筆記，回家寫稿時，猶能清楚記得這些。其實當時我感到，七年來終於遇見一位知音，每一句話，我很留意聽。能遇見在信仰上有共通個別化經歷的人，難能可貴。

黃校長停車之後跟我們道別，那時天色已經全暗了，我們要從公東高工騎摩托車回旅館拿行李，再去搭乘火車回台北。年輕的編輯睡醒後，一臉嚴肅，因為她擔心我們趕不上火車。黃校長一走，她立刻說：「芳玲姊，黃校長開車只有時速三十公里，我騎腳踏車都比他快了；而且他還常常把車子開在雙黃線上，好危險……」

原來是因為時速只有三十公里，所以我跟前輩可以聊這樣久。至於雙黃線是什麼東西，我就沒有問了。

注❶：告別式舉辦在二〇一五年二月二十二日，儀式由服務於長老教會總會的長子黃哲彥牧師主持，黃清泰與妻子簡瑞蕙姊妹合唱《上帝真偉大》，多位孫女用不同樂器上台演奏，來自各地親友約百餘人參加。我從網路上讀到壹週刊、寶島之聲、基督教論壇報等媒體對這事情的報導，曾晴賢教授的FB有多張照片與介紹。我雖然已經閱讀不少資料，仍舊很想親自問他。果然，聽見一個媒體上沒寫到的往事，就是關於景妹那段。

注❷：台灣習俗中長子要端骨灰甕，台語叫做「捧斗」，如果沒有骨灰甕，就以照片代表。在基督宗派裡，習慣以十字架和故人遺照，跟隨在棺木後面。

注❸：台東財團法人「長青養護中心」成立於二〇〇一年，隸屬長老教會東部中會，黃清泰先生當年投入籌備事宜。

注❹：天主教稱基督教為「新教」，我是新教教徒，但是二〇〇七到二〇一三年，那六年期間我常去天主教靜山退省禱告。王秉鈞神父當時擔任彰化靜山靈修中心院長，也成為我的靈修輔導。之後他調職到台北聖家堂擔任主任神父。

注❺：黃校長從公東高工離開之後，在民間企業工作了八年。於一九九三年他發現自己有輕度帕金森症，於是辭掉工作返鄉療養。當時東基的創辦人美籍譚維義院長，得知他在家，特地去探訪黃清泰，並邀請他加入東基董事會，關心未來醫院的發展。黃前輩很感性地說：我離開公東高工之後，在民間企業工作了八年，待過中壢、桃園、台北，每週我堅持要開車回家，那八年我在高速公路上常常飆車，看過不少車禍發生，但是上帝保守了我這麼久，從來沒有出事過。我用感恩的心，答應譚院長，是想要回報上帝，看自己能貢獻些什麼給醫院。

注❻：黛娜颱風，民國五十四年六月十八日，媒體以「台東惡夢的一天」形容她的威力。

注❼：現任的藍振芳校長，TED上面有藍校長的演講「創意思考，讓一切成為可能」。

注❽：錫神父過世後葬在南興村劉姓私人家墓，由此可看出他與東部台灣人，特別是南興村原住民的情誼之深，可見一斑。

注❾：二〇〇八年莫拉克颱風，政府因為面臨百萬噸漂流木問題，以及支援部落重建計畫，加上桃源國小校長鄭漢文、清華大學生命科學系主任曾晴賢等人的努力下，在台東最美麗的多良火車站上方，使用廢棄的多良國小原址，成立「向陽薪傳木工坊」，並邀請黃清泰校長在此負責教學、訓練、營運。目前生產的益智積木已經可以出口到日本、澳洲了。黃校長還曾經帶領過木工坊的原住民，前往日本為地震災區居民蓋房子，他說：被別人幫助過，也要懂得去幫助別人，這才能建立自信心。

注❿：DIY協會就是各種手工藝專家聚集，交流技術，並且透過DIY幫弱勢蓋房子、修理水電、裝飾居家、陪伴老人……。

注⓫：傅義修士(Br.Felder Julius)，瑞士百冷會，民國五十四年到台灣服務，在台灣共設計近四十件建築作品，大半是東岸的天主堂，其他作品散布台灣各地。作品中唯一的基督教教堂就是台東基督長老教會。

注⓬：蘇德豐神父(Rev.Suter Gottfried 1929-1989)，瑞士白冷會，傅義修士的建築，常常搭配這位神父的內觀裝飾。

注⓭：台東縣成功鎮「小馬天主堂」是傅義修士的作品之一，旁邊有一塊墓地，多位神父在那安息，包括蘇德豐神父。

注⓮：位在台東市信義路上的培質院，民國四十五年成立，曾是天主教白冷會供偏鄉或離島清寒學子在市區就學的學生宿舍。隨著白冷會神父的凋零，這個地方閒置多年後已轉型，由聖母醫院成立專為病人、老人、照顧者服務的芳療館。

大意外，我開始主辦告別式

四十歲時，我答應教會一個特別的角色（注❶），我瞭解我必須負責的工作是什麼，唯獨一項是我沒有料到的：就是喪禮上我必須像個牧師一樣、先是從冰櫃處迎大體，然後帶領親族入場，再來是上台證道。

至今我的日記寫得很清楚：二〇一〇年五月十三日，魏寶玉女士。那是我負責的團體中，一位年輕姊妹的媽媽。事後我為著那天成為離大體最近的人，加上初次主持整個基督教喪禮流程，沒有昏倒，而感謝上帝。

在這一天之前我內心極為恐懼，原因是我自小陪我母親上醫院，看見針頭扎進媽媽的手臂，我的反應是跑到醫院外面痛哭。而母親開始洗腎時，醫生到病房來幫媽媽做人工血管，我看見媽媽的血流出來，我的反應是暈倒在椅子上。當下醫師連忙跟我道歉。所以，喪禮前一晚，我除了禱告上帝幫助我，給我勇氣之外，我就只能猛準備講稿了。

第三場喪禮，發生在我四十四歲，我的母親謝靜。感謝之前的經驗，所以我才能為母親規畫隆重莊嚴的追思禮拜。約三十位的詩班獻詩，那是我負責的兩個會友團體聯合起來的，指揮是我特別挑選和央請的；我家唯一會樂器的人，是我姪子，我安排他拉大提琴，再花錢聘了小提琴。我製作了十五分鐘母親的生平回顧，有我的旁白和許多照片。證道的牧師，就是最早傳授我如何主辦追思禮拜的人，在教會被封稱「最資深的送行禮儀師」。

當天我除了眼淚，完全沒有懼怕。我在封棺之前，突然想起我忘記了一件事情，於是在衆目睽睽下，奔向棺木，將我母親一本珍藏的日記，放在她身邊。我有沒有嚇到觀衆，完全不知道。我只知道我沒有懼怕了。

有位五十五歲的單親媽媽，會後告訴我：「你談你媽媽時，我在想，有一天我死了，我女兒有可能把我講得像你講的那樣偉大嗎？」

也有一位患癲癇和慢性病多年的中年姊妹，某次私下跟我講：「芳玲，我是否可以預約你做我追思禮拜的證道？」當下我先是嚇一大跳，然後吞下一大口氣，才說：「喔……沒有問題，我的榮幸，〇〇姊。」

第四場喪禮，是我最不願意主持的。一位年僅二十六歲的年輕姊妹，因兩年的小夜班工作，加上高血壓問題，突然某個夜裡，在浴室洗澡時，發生腦溢血送醫，一週後辭世。我完全不知道這個證道要怎樣講，如果連我都想不通，無法感恩的事情，我拿什麼出來講？我想是這個事件，開啓我以前沒有的智慧。我當時求助天主教的王秉鈞神父，我只能提供極少的情報給這位神父，然後他說給他想一天。在極少的情報中，有一個是這位姊妹非常像男孩子，而且雖然年紀小，但是她結交的朋友多到嚇人，其中多半是男生，就是稱兄道弟的那種關係，他們共同特色就是很小就要開始工作賺錢，補貼家用。

後來神父真的給了我很好的引導。首先：天主教歷史上有多位聖人，在三十歲之前過世，所以生命長短，不是一個人是否蒙天主寵愛的證明。二來，這位小姊妹能夠擁有這樣多的朋友，可見她是何等慷慨和講義氣的人，這是很美好的見證。如何正面地去看待一件令人錯愕的死亡，我有了這些引導，自己就再繼續體會。

追思禮拜，台下坐了百名年輕人，神情肅穆，衣服整潔。我以前在電影上，看過日本黑道集會，老大喪禮的莊嚴場面，那天我的感覺差不多就是那樣。我做了一場相當感動我自己的證道。我由衷希望，她那群俠義朋友，聽了我的證道，能夠正面地接受她過世的事實。那天送到靈骨塔後，我的心對於小姊妹的離開，也才完全地放下。

兩年後的一天，我整理舊物，看見一堆許願字條。那是多年前，我們舉辦的百人新年烤肉會，每個人向耶穌的許願，寫在小字條內，放進我準備的瓶子。我從當中找到她的字條，年紀輕輕的她寫「身體健康，可以做更多事」。我內心不禁感嘆著：既然知道健康重要，怎麼會去做大夜班兩年？接這份工作之前，醫生曾經警告過妳，你的血壓有異常要留意，不是嗎？

天啊，我們活著的人，問問自己，還有什麼是明知故犯的？是知道卻不去做的？後來卸下這個角色之後，我就不用負責追思禮拜了。

凡有血氣的，盡都如草，他的榮美，都像草上的花；草必枯乾，花必凋謝，唯有主的道是永存的。所傳給你們的福音，就是這道。（彼得前書1：24-25）

對於死時帶不走的東西，不要太執著，多投資你的時光在後人會感念，或是後人不會知道，但是到天上會有賞報的事情。對於那些無法充實你生命、無法帶給你光明與快樂的事情，不要再執迷不悟地緊抓著，時候不多了，快點放棄吧！還有更明亮、更能帶給你力量的事情，值得你去追求！

往服喪之家，比往宴樂之家還好，因為死是人人的結局，活人要把這事放在心上。（傳道書七：2）

死亡是人人的結局。在安寧病房、加護病房、在告別式上，永遠有需要你的時候，你的存在就是一種意義，而你的禱詞與祝福，更會讓病人心靈溫暖。對於這樣的出席或是服務，可以讓你洞見自己肉體生命旅程的終點，進而思想未來當如何生活。

注❶：四十歲到四十四歲，我在一所大型教會擔任「帶職區牧」，以無神學院文憑背景的一般信徒，被選任同等教會傳道人的職務。無給職。直至四十五歲辭去台面上的職務，以一般義工身分，繼續牧養下面六十五位年紀不一的婦女，直到四十七歲那年出現比我更好的人選，才交出這份職務，僅保留基督教職場倫理與聖經財務觀的授課。

台北

劉毅文

到一百歲，還一直在給予的人

你覺得我父親有什麼值得報導的嗎？
他以前是個商人，
然後退休了。
他把兩家公司交給我兩個哥哥，
就這樣子了……。

第一次我提出採訪劉老的構想時，他的五子劉群茂牧師有點不解地這樣說。聽完後，我問他：

為何你爸爸總是請你們去五星級飯店聚餐？

「我爸爸一直都有自己的錢……」

他將公司交給兩個哥哥時，談好每個月公司盈餘的十分之一要給他。」

我記得他一百歲時，政府要給他百歲紅包，他說不用，而且他捐了一百萬給退輔會，照顧清寒榮民子女。

「是，他偶爾還會寄錢給我在高雄的姊姊。」

你姊姊？

「是，很老了，年紀大我很多。」

我過去只知道他三個兒子經商，還有兩個兒子當牧師，第一次聽見有女兒時，不免驚訝。

所以你看！牧師，天下哪個一百歲的爸爸還會匯錢給女兒用？

劉牧師笑笑。

牧師，你爸爸很偉大：一百歲還一直在給予的人。

我把這個小故事告訴一位住在香港的美國攝影家，這位攝影家只有一位

到一百歲，還一直在給予的人

十六歲的女兒，這女兒是他心上的一塊肉，寵愛有加，他聽完非常羨慕地回應我：我非常希望我一百歲時，還可以開支票給我女兒花用。

劉群茂牧師的太太——丁家蘊牧師素來就不只是個媳婦，簡直跟女兒沒兩樣，她聽說我想寫劉老的故事，心生智謀，告訴劉老說：你死後我不給你辦什麼追思禮拜了，要就活著的時候，大家來個感恩禮拜，這樣比較有意義。聽說劉老很高興地附議了。

二〇一四年六月十四日，劉毅文的兒孫在教會盛大舉辦「劉毅文弟兄百歲生日感恩禮拜」。他有五男、三女，孫子共有二十一位，曾孫也不少，當天四代兒孫相聚一堂，加上貴賓雲集，在丁家蘊牧師的策畫下，他極度風光地慶祝完百歲生日。

那天之後，就跟過去一樣，早上六點半起來去附近校園操場散步，下午三點半到植物園運動，並且在照顧員阿芳的陪伴下，常常去買魚。

「買魚、煮魚、吃魚」這件事情，顯然是行之有年的飲食習慣和生活樂趣。一個男人會買菜、做饅頭、燒菜不是什麼稀奇的事情，但是劉老透過為兒子們做飯，所顯出的責任感和愛心，卻留給我難忘的印象。

他六十歲自動退休，快七十歲時最小的兒子劉群茂結婚，一起住的幾年，他負責給他們買菜做飯帶便當。劉老另外還有一個當牧師的兒子——四子劉緯茂。民國八十六年時，緯茂牧師遭遇失婚打擊，當時劉老八十三歲，他斷然決定飛到美國去為老四和孫子做飯，陪伴老四將近九年，到了九十二歲時，因為脊椎出了嚴重的問題才回台灣。這一段感人的親情故事，在百歲禮拜發刊的紀念冊上，緯茂牧師寫得相當動人。

劉老離開洛杉磯，隔年老四就找到了生命伴侶，並且很快就結婚了。如果我是劉老，我想這位新婚的師母，就是他最佳的接班人；如果愛與付出是劉老一生的志業，那麼，獲得最佳接班人，對劉老來說沒有比這個更欣慰的！

他對家庭的忠誠也表露在妻子耐君身上，他在事業正好的時候，因為妻子生病，所以六十歲就將兩家公司交給老二和老三，專心照顧生病的妻子。我第一次訪談時，劉老已經有重聽的現象，我問的問題，需要照護員阿芳用喊的再問他一次，他的理解也很費勁了，所以在當時的狀況下，他突然談起過世的妻子，然後告訴我，「我照顧她十年，親手把她照顧到走」。

是否到了人生的尾端，記憶最深刻的，才是最重要的事情？

這兩年劉老除了關節退化、重聽之外，可說沒有其他疾病。他只有看三科醫生：胸腔科、腸胃科、復健科。可是他不是一生無災無病，六十幾歲他因為

到一百歲，還一直在給予的人

羅患腎臟癌而切除了一顆腎臟，所以三十多年來，百歲劉老只用一個腎臟活到現在。我想他的長壽，是太多因素的結合：長年的運動、信仰生活、良好的家庭關係、良好的生活習慣，以及堅持以上四點、貫徹到底的超凡意志力。

說到家庭關係，每週他的兒孫固定會有一次聚餐，這個家庭儀式也行之有年。日子、時間、地點大部分是固定的，配合兩位牧師的休息日，通常會有幾對夫妻、幾位孫子出席。我們想想：年紀大的長者，能受到這樣的尊榮與看重，不是因為他還有遺產，不是因為遺產還沒有交代好，不是因為他權大富貴，在今天的社會是不是太稀奇了？

我能想到的理由是：他在台北有兩個繼承事業的商人兒子，和兩個當牧師的兒子，這幾家人比較常聚在一起。他們共同的特質是：知恩、感恩。這個家族的價值觀是以家人為優先，而且敬重這位父親是他們一致的態度。而他自己的兩項條件，也促成這樣的圓滿：

一個是「健康」，他健康的程度讓他的兒子們常常自嘆不如，而這份健康帶來持續不斷的家庭活動。除了前述的聚餐，劉家每年的農曆年是選擇台灣風景優美的地方，進行數天的出遊度假。他的健康，也才能讓幾個兒子、媳婦分別陪伴他出國旅遊，例如八十七歲去了加拿大的洛磯山脈、九十歲去帛琉、九十九歲去廈門鼓浪嶼、一百歲跟著劉牧師夫婦出差到沖繩，順道去遊玩。今年一百零一歲，媳婦丁家蘊原本給他訂了旅遊計畫，因為他身體不適才做罷。

另一個促成家庭和諧的原因，是他扮演「給予」的角色，而不是索取。他雖然衣食無慮，但是幾個兒子、媳婦們爭相孝順，各自用自己的方式表達。我看見他的晚年，不被遺忘、忽略，反受歡迎與敬重，跟他「甘心給予」有很大的關係。

除了前面我提到他怎樣在五子群茂剛結婚時，給他們夫妻做便當和晚餐。妻子辭世後，又曾經到美國照顧失婚的四子九年，那時他已經八十幾歲，誰會期待他做這些呢？在物質上面他也是慷慨的，聽劉牧師說，家庭聚餐常常是爸爸請客，而且一般傳道人不可能點龍蝦、帝王蟹這樣的料理，爸爸盡量點好料來宴請他的兒孫。其中一位孫子說，他人生中只去過美國玩一次，當時住到四叔家，爺爺帶他和同行的朋友去餐廳吃飯，還偷偷塞了一百元美金給他。諸如此類的事情，不勝枚舉。如果你是他的兒子們，稍有感恩之心的人，怎麼會不回報親恩？如果你是他的孫子，可能不免會想：他不需要我們照顧，還請我們吃飯、塞錢給我們，好萌的老公公啊！

我相信很多人希望老後，是受到晚輩敬重與歡迎的，就算不至於每週聚

到一百歲，還一直在給予的人

餐，也渴望得到溫暖的關心和陪伴。我從劉老身上，看見「積蓄」、「健康」、「給予」這三件事情，帶給他人生極為圓滿的晚年圖像。其中，「給予」的力量是最大的，因為家庭幸福、父慈子孝、兒孫環繞膝前，這不是金錢可以買到的，如果他過去不懂得放手、不懂得給予、不懂得恩慈待人，再富有、再健康，也不見得有這幅晚年美景。

我們拍照的那天，我見識到劉老驚人的意志力。二〇一五年他已經邁進一百零一歲了，離我第一次訪談已經一年。這一年他體力和反應退步不少。那天早上我們跟他出門去植物園，想要取景拍他運動的畫面。阿芳說，那天是他近年來狀況最差的一天，平常走路不用人牽，但是那天就需要扶持了。

劉老不太理會我們的拍照工作，植物園裡有五、六處是他習慣的停駐點，某個地方要打打拳，某個地方要坐下來禱告，某個地方要做甩手動作，某個地方有棵樹，要摩擦背部一百多下，某個地方要做伸展運動。以他那天舉步維艱的情況，其實我們好想打道回府，免得他半途昏倒，但是劉老在阿芳的攙扶下，竟然走完他的老路線，而且用盡他的力氣，能做幾下運動就做幾下。

最不可思議的，是當他已經累到兩腳拖地，差點舉不起來時，他「感應」到某個「熟悉的角落」到了，身體一轉，堅持要過去找他常常摩背的那棵樹。我直勸不要了，快點回家吧！阿芳也抱住他，不給他過去，但是他意志非常堅定，不願意回家。阿芳最後順著他，我們一人扶一邊，幫他走到樹旁、給他靠在樹幹上。只是他真的動不了了，就呆呆地靠著一會兒。不過，當他堅持的那一刻，我心生敬畏！想像他年輕時讀過警官學校、當過特警，經過第二次世界大戰、國共戰爭……這位軍事背景深厚的劉老，真的有一股不同凡人的意志力。

回到家後，阿芳忙著弄劉老的早餐。饅頭切片蒸得熱騰騰，一大杯的麥片加上可可粉、奶粉一起沖泡，飯後還有半杯優格、水果一盤。他肯定是吃得比我多，再次證明活得長壽的老人，沒有一個食慾不好的，而且飲食多樣化，營養攝取得很平衡。

我自從三十九歲開始，一週運動三次，維持了快要十年了。就算下雨，我也會撐傘或穿雨衣去運動。曾經有一位六十四歲的男性朋友，頸動脈裝過支架，有段日子他脊椎和臀部關節都出了問題，聽見我有這樣的運動習慣，他開始效法，忍痛開始運動，後來身體越來越好，運動習慣到現在四年了，一直維持著。在有上班的朋友中，我算是運動次數頗高的人。然而天外有天，人外有人，百歲劉老的持之以恆，和異於常人的意志力，一來讓我自己感到我還差得遠呢！二來，提醒我自己，保持現有的好習慣是應該的，不要鬆懈，繼續持守。

另一個我因劉老而有的啓發，是他的「分配」方式。退休時，他把事業給了二子和三子，從這份事業繼續獲得養老的收入。事實上這筆收入不只是可以養老，還拿去幫助了很多人，包括曾經回去廣東梅縣老家，捐贈了一所圖書館。

我聽過太多故事，生時怎樣都不肯交代後事，或是移轉財產，死後讓兒女爭吵不休。我年輕時看過一本書叫做《破產上天堂》（Die Broke），作者提到「家產要在活著時分完和用完」，勸人要趁活著時，聽見別人的感謝，並且享受你勞碌得來的金錢。我個人完全贊同那位作家的看法。在那本書所提到的建言中，包括「與其把錢給子孫，不如拿錢幫助他們創業」、「花錢在豐富你的人生，而非去浪費金錢。」我想劉老應該沒有看過這本書，但是他具備這樣的智慧去明白這一切事情。

對我來說，至今獨身的我，也是一直想著破產上天堂，我該怎樣花用，又該留給誰？我很有興趣做這個功課。我想劉老的故事，給我很大的鼓勵，在不同人生階段，做我該做的決定。我甚至感到，在我完成這篇文章後，將會有很多人，因為劉老的故事，而願意更積極地去經營家庭關係。

不論幾歲，年齡不會限制我們對親人的愛，和為了愛他們所能做的付出。

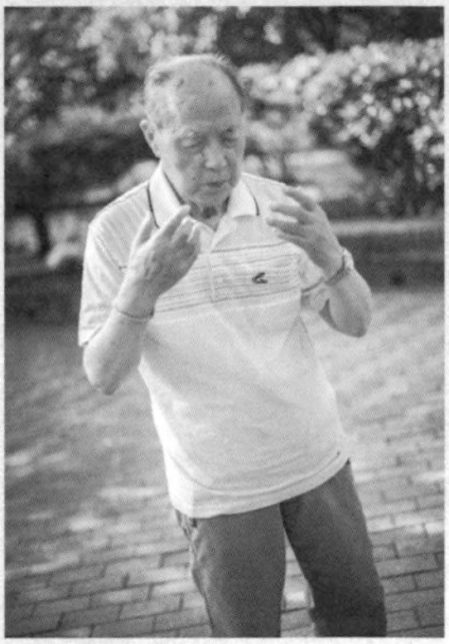

到一百歲，還一直在給予的人

劉毅文前輩簡歷

民國三年六月十日出生，廣東省梅縣人。六歲喪父，家道中落，立志向學。廣州中央警官學校正科第五期畢業，中校退役。曾服務過軍統局警務處、湯恩伯將軍之湯總部外事處。在二戰結束後，洽請美軍派運戰艦，將當時上海、南京、漢口境內約八十萬的日俘和日僑遣送回國。國民政府遷台後，在高雄從事貿易事業，創辦「和記集團」，專營油漆相關產品，並代理前英商ICI多項產品。他也因為搬遷到高雄，開始接觸基督教，而後受洗，他眾多子孫自幼跟從基督教信仰居多，此信仰成為他家族的共同生活文化。

探病，我很少放過機會

三十八歲那一年，這件事情，開啓我對於「探病」的興趣。

認識A女士很多年，蒙她照顧，常常有往來。B女士和A女士是在同一個單位工作，感情很好，因為這樣子我也跟B女士有淺薄的接觸。他們服務的公司，有一對很傑出的CEO夫婦，短短時間創業成功，而A、B女士就是開國元老，她們的重要地位不同，分別掌管這公司兩個部門。

有一天B女士被家人緊急送醫，消息傳到公司，隔日A女士沈重地問我可不可以陪她去醫院一趟？在醫院，B女士的丈夫、兩個還在念書的孩子圍在病床邊，她的父母和兄弟姊妹也到了。她是腦溢血，但是意識清楚，只是頭痛欲裂。醫生要她決定，是要開腦部手術，還是要做支架導引？她選擇支架導引。

這兩個決定，都一樣有風險，不如期待的話，可能幾個小時後，她就會成為植物人。

我們只是無言地等在門外，沒法進去病房，偶爾他的家人出來報告現況。探視一個小時後，我陪A女士搭計程車返回公司。「我不是要去公司，公司今天有尾牙，我得去餐廳。」她淡淡地說。我聽完嚇一跳，「你們公司今天尾牙？」

她在餐廳下車，走進整個公司人員已經坐好、開動吃飯的場面。

你們怎麼可能在這位老臣病危的日子，照常舉辦尾牙？

如果是餐廳不好取消五桌訂席，那麼偉大的CEO夫妻為何剛才沒有先去醫院呢？

可能我自己是經營者，雖然公司很小，但是公司已經十多年了，員工一直是生活上的重要夥伴，比家人要更互相瞭解和互助，所以A女士下車後，我感到非常難過，直到今天，我都沒有忘記。

B女士活下來了，出院後跟常人一樣生活，不久後也返回公司上班。原本我們不熟的，但是可能她有聽說那天我陪A女士去過醫院，所以後來幾次碰見，B女士的神情特別溫柔。

就是這個震撼教育，讓我此後知道誰生病了，就去探病。

其實，我們忙碌的時候，可能會跟親友說抱歉，實在無法抽身去探望，親友也通常會安慰我們說，不必麻煩了。但是，出院後，回想誰去過，誰沒有去，內心冷暖自知。所以任何理由，其實都不管用，還是去吧！

我們有幾位姊妹淘，住得最遠的，是台中的鄧小姐。她母親去年住院，割掉四十公分腐敗的大腸。我下去看她，到了高鐵站，我的朋友帶著失智的父親來接我，我們一起去看她媽媽。他的父親雖然失智，但是進到病房竟然就抱著太太哭起來。鄧媽媽一臉笑容，看見我非常高興。除了失智的鄧爸爸傻傻的望著她之外，我們三個人在病房說說笑笑，那是我們交往二十年來，很值得回憶的一次經驗。幾個月後，他們全家開車北上，到我新居吃飯，提了大水梨禮盒。我覺得一場友情，在雙雙進入中年之後，能有這樣的溫馨畫面，實在是無價的珍寶。

我大姊的公公臨終前，在醫院加護病房待了四天。從第一天我就去報到，在規定探病時間準時到，親家母和孝順的大女兒坐在外面等護士放行，我是第一位出現的訪客。在那三十分鐘內，兒孫陸續出現。第三天我又去，我跟大姊說：你以前住院時，你這公公小中風還叫人扶著他到醫院看妳，這種公公很有情義啊！你們要把握時間再去喔！接著我介紹葬儀社給他們，讓他們有所預備。那是最後一次可以見面的機會，我留到探訪時間的最後一分鐘，對昏迷的親家公講聖經的話，出去後發現只剩下我和親家母，以及那位大孝女。我陪他們走了一段路，才回家去。這件事情，意外地讓親家的大孝女對我感激不已，我們雖然是不同的信仰，但是她堅持喪禮那天我一定要參加親族聚餐。對於小小的探訪，引起這樣的感激，我實在意外。

由此也可以證明，臨終病人和家屬需要溫柔和用心的陪伴。

我認為面對親友的生老病死，探病與陪伴是一件該學習的藝術。曾經有朋友說：台灣人很愛作義工，但是自己家有在顧嗎？如果每個人把自己家人照顧好，好好陪伴有需要的家人，哪需要義工呢？

你若想行善，就請不要吝嗇時間，特別是在他們重病時和臨終前，請放下私務，去陪伴在旁。學習佐藤初女講的：「你的存在就是一種安慰，不用多說什麼。」更要操練，不要害怕看見他們的病容、身上那些管子，或是聽見他們的喘息，機器發出的聲音……

你沒有看見和聽見，你就無法清醒：其實每個人都有使用期限的。

那個清醒，如果每年或是兩年來一次，你應該就會感謝病人給你的機會。讓你對那天之後的陽光、雨水，暴風和酷寒，都帶著感恩和欣賞。

chapter 4

台東

金谷園

不論幾歲，總有一群朋友共創作

如果你看見金谷園先生快步過馬路、下雨穿拖鞋撐傘、晴天騎摩托車在台東市區趴趴走、爬樓梯速度不輸給中年人，早上和太太打槌球，下午做文化導覽義工，每週去吟詩會友……然後我再告訴你，這人已經九十歲！你會作何表情？

BRONICA

不過，更讓我敬佩的，是他的腦子非常靈活。我們兩次採訪，他都是自己接聽電話、安排地點、時間，溝通工作配合方式，而且他極健談，不只是回答我們問他的問題，還常常反問我們不少問題。他的思路靈活，令我不禁懷疑：這跟他四十五年會計工作，近半世紀的數字計算有沒有關係呢？我希望之後有專家可以告訴我。

我從金谷園前輩身上看見的熟年人生，最豐富的資產是他的創作。我也深信他長年透過攝影、詩詞、書法、日記作為情感與智力的抒發，對他今天的健康與活力有莫大的貢獻。

我雖然沒有金前輩那樣多才多藝，但是我從小喜歡寫作，這種生活中遇見感動的人事物，都想存記下來，並以創作的形式抒發成一個具體的作品。碰到機會能公開發表，更是樂於敞開作品，任人欣賞、評價的藝術家特質，在我內心同樣有，所以當我瀏覽了他給我的攝影集、詩集、金婚週年冊，還有兩大本「爺爺的日記」後，我很肯定金前輩是個情感豐富的人，而且是個典藏生命軌跡的狂人、創作家。

我從自己淺薄的創作經驗，體會到對於情感豐富、容易有感觸的人，若是可以透過適合自己的媒材，盡情抒發出來，不論別人看不看得懂；也不管這樣的抒發，會不會有人注目、評價，評價又如何？只要抒發出來，對自己就是一種健康的心理行為。

「爺爺的日記」上冊是從民國三十七年七月，二十三歲的他愛上現在的妻子玉琴開始寫起，下冊一直到九十四年為止。他是為了八十大壽，整理成冊，給兒孫作紀念的。原始的日記本，堆疊在他二樓的書房，各式各樣的日記本，就跟我小時候在書店看見的精裝筆記一樣。我非常感動，因為我有將近十本厚厚的日記，若不是母親十幾年前為了搬家打掃，誤扔了我數箱書籍與日記的話，現在應更多本。即便進入電腦文書時代已經十八年，我還是常常手寫日記。我們原本只是為了抒發心情、記錄所思所想，卻無意中書寫了社會與家庭的歷史，以及記錄了自己成長中的苦惱、環境變遷、前程轉折，還有無數的奇遇歷險。

寫日記這件事情，有金前輩這樣的典範，我就繼續寫下去吧！

他開始拿起相機拍照並在台東成立攝影同好會，是黑白相片的時代。他的相機有各種款式，專業的一二〇底片相機也有。從黑白底片的暗房沖片，到彩色底片誕生，數位相機、電腦後製，他都走過了。他並不是以此為生，任公職四十五年之久，完全是工作之餘培養出來的愛好。

民國八十七年，金谷園七十四歲。台東縣立文化中心、台東縣後山文化工作協會、台東縣文化中心共同催生了「金谷園藝術攝影專輯」。裡面收錄從民國五十一年到民國八十七年，金谷園每個階段的攝影代表作。我想特別提到黑白照片的部分，就是約莫民國五十到五十六年之間，他以台東縣民間生活百態為背景的攝影作品。九十歲的金谷園，跟我介紹每一張黑白照片是在何種情況下拍的，他談及黑白攝影構圖、光影、按下快門的那一秒，被攝體動作形成的構圖與線條……我非常敬佩他能流暢而精確地導覽這一大本攝影集，以我個人所學，除了敬佩他的黑白攝影美學之外，攝影集內，台東縣政府對他的表揚真是實至名歸，因為太多歷史地標、民間生活百態，早已在台灣東岸成長的腳步中消失了，只能在像金谷園這樣的攝影家底片上留下歷史身影的見證。

台東富岡鄉大橋頭，原是聞名遐邇的鋼索吊橋，全長四百多公尺，在民國五十四年被黛娜颱風(P.90注❻)所毀，當年沒有復建，政府另建水泥大橋。

戴著斗笠，早出晚歸的農婦，肩膀上搭著鋤頭，一字列隊返家。

那時候大人喜歡用扁擔挑東西，去市場賣雞就挑雞，去田裡務農，就兩邊各挑一個小娃兒。

漁夫站在一葉扁舟上，灑網捕魚。

早起的少婦，蹲在潭邊洗衣服，晨曦照在潭面和少婦的身上。

台東開始興建大樓，當年的鷹架是竹子一條條拼接的，像個脆弱的滑梯，工人用扁擔挑著土，一趟一趟來去，活像馬戲團內的賣命演出。

卑南溪邊，牛車運送砂石，要去建築工地，車夫站在後面貨箱，正在鞭打行進中的牛兒，催促牠們的腳步。

台東原住民六族的生活，金谷園補捉了相當多動人的畫面：

父母外出狩獵，小男孩把妹妹揹在身上照顧。

放牧的一對姊妹，靠在牛身上，天真地對著鏡頭笑。

大南溪口的原住民青年，喜愛出海撈魚，打著赤膊，將所有裝備扛在身上，但是神情愉悅、充滿幹勁。

九十三年台東縣長頒發給他「台東資深藝術家獎」，他獲獎原因是：以台東這樣的文化沙漠，金谷園先生五十年來以攝影藝術，帶動台東文化薪傳，使沙漠長出綠茵。

他不但用影像記錄了台東近代歷史，他的日記也寫了很多台東的居住環境、台東的教育、台東的工作與經濟環境、台東外省人與本省人的關係、台東人的人情世故。

攝影師曉恩提到他外婆是台東人時，金谷園第一個反應是「她叫什麼名字？」那感覺好像台東對他而言只是一個小學校，只要你說出名字，他就會知道似的。

過了八十歲之後，金谷園的日記越寫越少，攝影也減少。拍藝術作品需要體力和耐心，金谷園慢慢就改用小的數位相機，放在口袋，隨便拍點生活紀錄。但是「用盡一切方法，總要抒發心情與智力」的傾向，讓他加入當地詩社，開始詩詞創作。參加詩社很適合金谷園，因為他有國學底子，長期寫日

臺東市寶町藝文中心

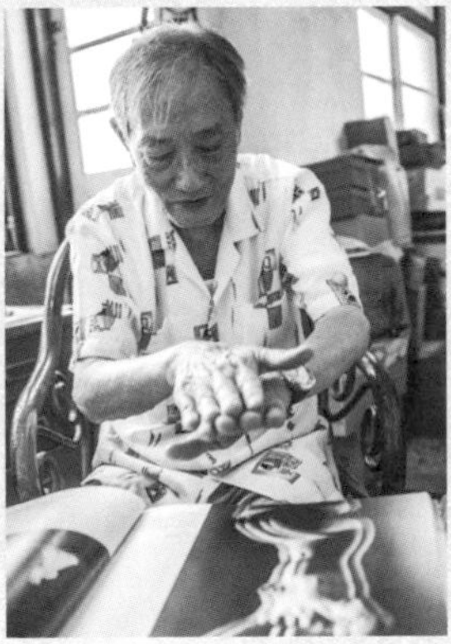

記、替照片配圖說、下標題，也養成他掌握文字的能力，所以五言絕句、七言絕句，只要再學好格律和平仄，以及完成之後，練習吟唱，表現抑揚頓挫的美感即可。

我們第二次採訪，前往位於寶町藝文中心的詩社。在那一長排的日式建築房舍中，我們會見了金谷園先生的詩友。我很想叫這個詩社「九十俱樂部」，因為除了兩位中年女性詩人之外，他們的年紀相當，真正是一群優雅爺爺。

我原以為詩社活動，是一起磨墨，在宣紙上寫詩，結果不是。進去後，大家已經坐好圍成一圈，預備拿出各自的詩本吟唱。看每個人的詩本，幾年下來寫過的題目不少，很多講的是時事，他們告訴我，寫詩本來就是針對近日發生的事情，做出個人評論或情感抒發，例如季節流轉、社會現象、國家政局、親族好友活動等等。接著，他們輪流吟唱自己的詩詞，先念一次，再唱一次。

在台東那種遠離塵囂，街道靜謐，蟲鳴鳥叫的環境，原本對來自台北的我們，已經算是脫離現實了，當下又置身於日式建築的老房舍，聽九十俱樂部吟詩，我感到自己好像在做夢。

讓我九十歲依舊可以去感受一切，
打開我所有的感官，
去聽、去觸碰、去聞、去看、去談論。
不要怕太感動，或是太興奮，
不要擔心情感太豐富，或是看法意見太多；
讓我九十歲依舊可以感受一切，
並且找到方式來表達，
給我自己，或是願意跟我分享的人。
九十歲，不要怕依依不捨的感覺，
不要怕說對不起。
不要怕說我愛你。
九十歲，就是因為我這樣老了，
所以我更沒有理由不告訴別人，
我仍舊可以去感受一切，
而且何等地感動和興奮。
這就是我採訪完金谷園，很激盪的心聲，想寫給未來的自己。

金谷園先生簡歷

溫州市人，台灣光復後，他告別母親，隻身渡海到台灣尋求發展。曾任職於省營樟腦公司、台東中學、稅捐處，最後從自來水公司會計主任職位退休。退休之後，舉辦過三次攝影作品展覽，四度還鄉探親，用心詩詞研習，和八十三歲的太太一起運動強身、含飴弄孫。他常說「知足常樂」，並且認為六十四年的婚姻與家庭，是他一生最大的滿足與快樂，已經別無所求。

特別感謝

劉毅文先生、谷金園先生、王朝賢先生、黃清泰先生：（按年齡排序）
謝謝你們大方地答應我的任務。
並且讓我完全照我的初衷去寫作，
為這份信任感激你們。
你們同意的原因，都是因為我說，
讓中年人對未來有正向的期待，
讓來得及的事情，不要變成來不及
如果每個人預約自己的未來，
成為更好的人，
我們的社會不會因為人口老化而變差，
而是會變好。
謝謝你們與我共同完成這工作。

chapter 5

日本・愛知縣

津端修一・津端英子

兩個人有這樣的家真好

位於愛知縣某個寧靜社區，
津端家的宅院已經超過四十年的歲數了，
誠如當年他們一心所想的，
投資在土地上的栽種，
生活只會越來越富饒，
不會減少只有增加。

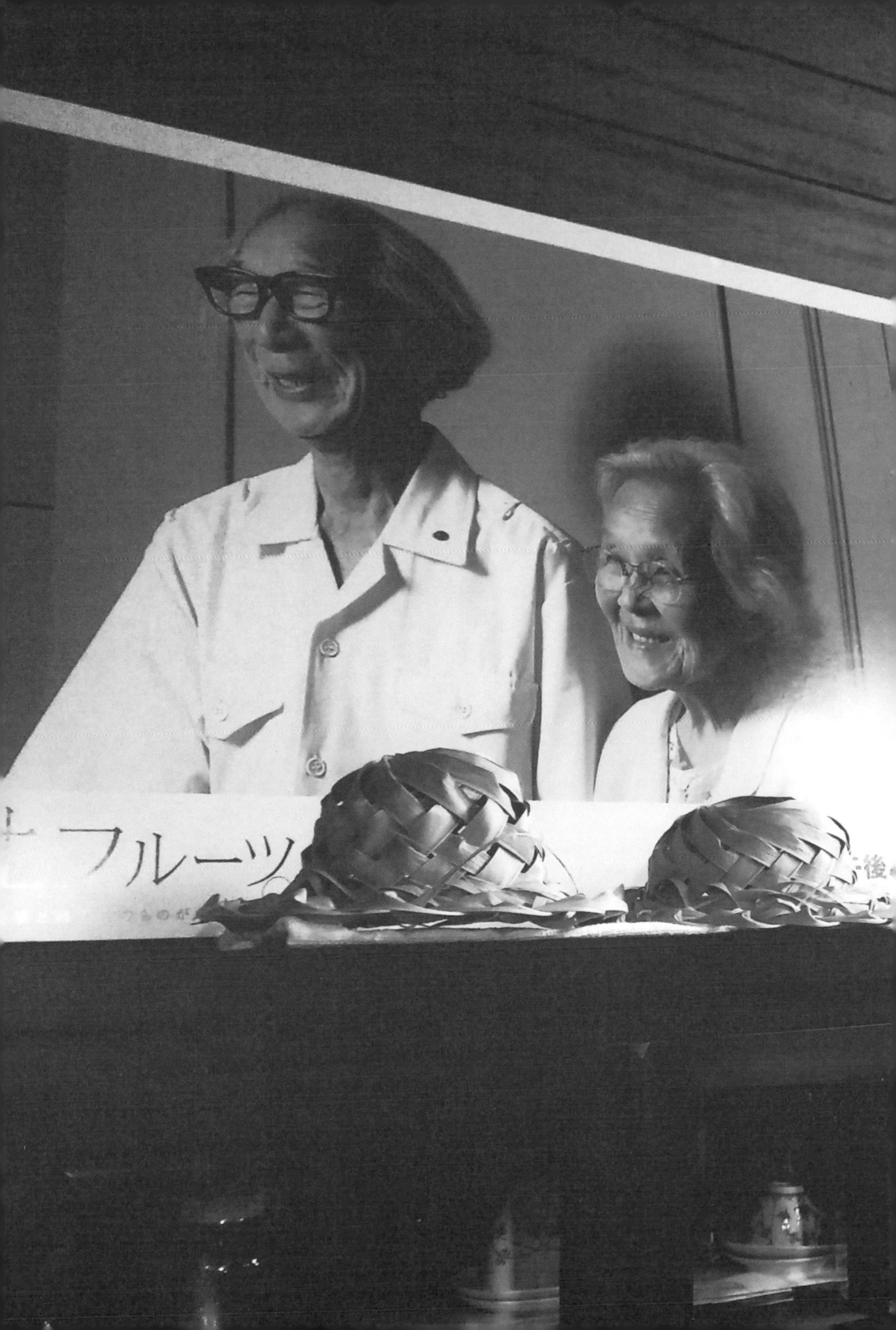
フルーツ

自己栽種的食物 撫慰心靈

坐在津端修一、英子的餐桌上，我們第一道品嘗的點心，是他們菜園收成的柿子。乾乾淨淨地對切，橘黃色的果實脆脆的、滋味甜甜的。修一說：「幾年前她（英子）說想要種柿子，我說，柿子種下去要等八年才能收成，我們這年紀了，等得到嗎？沒想到五年就吃到柿子了，今年是第一次採收，我們好高興。」

與我一同前往的，有《積存時間的生活》作者水野惠美子和擔任翻譯的好友陳淑芬女士。當我們很快吃完第二樣點心：用栗子搗成泥，做成的栗子餅。我的眼睛看著托盤裡面還有一個栗子餅，修一問我：「好吃對不對？」我點點頭，他就跟個慈祥的爺爺一樣，把剩下的栗子餅推到我面前說：「好吃就多吃一點。」我不禁想起書內說的：好吃的定義，就是「讓人意猶未盡」。

《積存時間的生活》一再提到的「斐濟果」，算是採訪全程最頂級的享受了。那光綠的表皮，被小刀子切開。修一拿出自釀的「斐濟果酒」，英子拿出小酒杯，琥珀色的酒液讓我們驚呼：這酒是斐濟果釀的嗎？似乎我們的驚嘆帶給兩老滿大的成就感，修一索性多拿出幾瓶，每一瓶掛著不同年分的標籤！「用小湯匙挖果肉，然後淋上一點酒液在果肉上」，修一教淑芬怎樣吃。

我該怎麼形容那一口滋味呢？書內英子形容「木瓜與檸檬加起來的味道」，而我當下跟他們形容：口感有點像芭樂，美妙的是鼻子聞到的是很香的龍眼味。我的第一口因為過度的滿足，又知道這一生可能不會再有機會品嘗，胸中充滿幸福與遺憾參雜的衝擊。後來他們夫妻送給我一小袋的斐濟果，在東京的幾天，慢慢地一顆一顆吃完，每次吃的時候，就用想像力回味斐濟果酒的香味。

夫妻就是兩條不斷交會一起的線

我們去修一家的前一天，到東京「自然食通信社」會見原文書的出版人與撰文、攝影。攝影落合由利子女士講了一段耐人尋味的話：「修一和英子在家裡的生活，你會以為他們好像兩條平行的線，各做各的事情，但是每隔一段時間，這兩條線就會交集在一起……。」當天一直到某一刻，才想起前一天落合由利子講的這一段話。

當修一娓娓道來斐濟果是從法國來的，味道如何……，英子耳朵聽見修一在講斐濟果，馬上收走糕點的盤子和叉子，重新擺另一組盤子和小圓湯匙，準備讓修一表演斐濟果的吃法；接著修一拿出酒來，英子又從櫥櫃快速取出小酒杯，轉進廚房清洗一下杯子……。修一不察，自己走到櫥櫃想找小杯子，但是英子已經拿著杯子走過來，邊說：「杯子在這邊。」我拍下這段過程的影片，看見這對八十幾歲的爺爺奶奶這樣的默契，兩條平行線交會的那一刻，非常感動。特別英子對修一的細膩，對我是最深刻的感動。

修一的簽名畫裡，從年輕到老，都是他站在英子背後，他可以一分鐘畫完這簽名，所以我叫它簽名畫。修一自己解釋這招牌畫的意思「英子想做什麼，我就支持她。」但是呢，我覺得英子一直都在支持他，從英子讓修一可以一直擁有帆船這昂貴的玩具，讓他自由地出海而可以得知之外，我看見她總是在他談話時，含情脈脈地望著他，並且留意為修一的下一步預備什麼材料。

他請我們抬頭看，牆壁有一幅比較大的招牌簽名畫，滿有味道的，修一用書法寫著：這個家很好，天天都是小春日和！

GUERLAIN

好東西的定義

「堅持用好東西」，先不要想是昂貴的東西，他們的好東西滿多是現金買不到的呢！一塊經營四十年的菜園，細心呵護，土地回饋他們無數的有機蔬果讓他們吃不完，還需要四口冰箱保存起來。「我們經歷過戰爭，二次世界大戰時，你有再多的錢也沒有用，有地有食物才是最實在的。」沒有積蓄，也沒有跟女兒們拿生活費，他們卻過著不虞匱乏的生活。

英子稍晚帶我們到側邊的廂房，展示幾口黝黑的大木櫃，她說當年出嫁時，什麼嫁妝也沒有，這些傳家寶是哥哥過世了，姪兒們家裡放不下，才送到她這裡來。她笑說，祖先都是用好東西，準備代代相傳，但是現代人喜歡住都市，房子很小，這些都放不下去。

真要買東西，他們一定是買最好的。他們不亂買家具，真的要添購什麼，唯一考量的是「這家具夠好嗎？有好到可以代代相傳嗎？」他們寧可等存夠錢才下手買東西，而不為了「便利、馬上」而買回不想珍藏的物件。加上，修一的木製手工品，和英子用紡織機做的布料，融合在房子的家具上面……

我想這就是整個家之所以流露一股高貴精緻氣質的原因了。

記錄就是對生命的頌讚

起先，二〇一二年的冬天我在三省堂書店看見《積存時間的生活》，放在「農業出版」類的書架上，我被封面那張圖片吸引，我拿起書來，就一直盯著照片裡面的客廳、餐桌、燈光，還有坐在餐桌兩旁的津端夫婦，他們的面貌、髮型……這到底是怎樣一個故事呢？二〇一三年春天我拿到了這書的中文版權，接著我只巴望親自走進那張封面，我想像跟津端夫婦坐在那個屋內，一起圍在那張餐桌，吃幾樣英子做的食物……。

現在想像變成真實的了。我的名古屋之行，就好像一場敬虔又莊重的儀式——對生命致敬的儀式。我們三人一早八點從東京轉車到名古屋的愛知縣，到達時已經是下午兩點。津端夫婦迎接客人的分工是：太太到院子外面的小徑接我們，修一站在屋子建物的走道上等我們。走進明晃晃、溫暖的燈光的屋內，餐桌上竟然放好迎賓小卡片：是木片做的，寫上今天的日期，又創作一幅小圖。接著有十分鐘，修一分別贈送我和淑芬幾項小禮物。等我們坐好，他指著桌上的幾本資料夾，表示他和台灣有很深的淵源……這是何等神奇的一刻，原先我也懷疑以修一的年紀，該不會在日據時代跟台灣有段故事？沒想到故事可特別了。

第一本資料夾：修一與台灣少年工

第二本資料夾：修一參與台灣林口造鎮計畫

第三本資料夾：修一參與淡海造鎮計畫

修一透過黑框眼鏡，手指著幾張黑白照片，跟我介紹他的老朋友們——一群台灣少年工。回台灣我上網查到的歷史是：一九四三至一九四四年二次大戰期間，日本政府在台灣徵募八千多名十三至二十歲青少年，前往日本神奈川縣高座海軍工廠，以半工半讀方式，從事生產戰鬥飛機工作，其中有一千多名少年工派遣在名古屋的「三菱重工」，十九歲的修一成為他們的監督者之一。一九四四年美軍空襲名古屋，有二十五位少年工死亡。台灣光復後少年工返鄉，等台灣解嚴之後，成立「台灣高座台日交流協會」，當年的少年工現今已經八十多歲，二〇〇九年台灣高座會組團返回名古屋，祭拜空襲身故的同伴，就是由修一接待他們。修一也翻出迎接這團老朋友的照片給我看，還影印了日文新聞報導給我。

突然他拿出一顆漆黑的印章，署名陳清順（一九四五）。修一說當年這位台灣少年工陳清順先生送他這印章「津端」，後來陳清順死於白色恐怖，我看見修一在某張相片旁邊註明「順，二〇〇九年五月十四日死亡確認」，我想這是台灣高座來訪時的日期。回台灣之後，我上網把陳清順的判決內容和墓碑照片寄給修一，這墓碑立於一九五二年十二月，也就是一九四五年兩人分別後七年，陳清順時年二十五歲就身亡。修一回信給我，說要是能到台灣來一趟，他要去看他的墓。相隔六十八年了，我仍感受到修一的真情。

這位「記錄狂人」畫了一張「六十五年來跟台灣交往的圖表」（一九四五～二〇〇九），我相信太雅出版《積存時間的生活》會被標記在二〇一四，看來六十五年要塗改成七十年了。所以繼續看另外兩本資料夾吧！

你可能跟我一樣意外，修一在一九八二年參與林口新市鎮計畫，以及在一九九〇年做過對「淡海新市鎮特定區計畫案」之建議書(此案是內政部營建署委託給日本KMG建築事務所，旅日建築師郭茂林先生主持這事務所)。修一在淡海案主要提供「休憩發展潛力與規畫休閒空間」，這部分是修一的研究領域，在他的圖書資料室，「自由時間」論文與資料多不勝數。

《積存時間的生活》這書名還有著「記錄歷史」的含意。修一先生很會歸檔，喜歡留下紀錄，依據我看見的，有幾種記錄方式：

●規格一致的資料夾，放滿一間資料室，有修一的研究論文、各資料和報導。

●大型珍珠板，把圖片放大拼貼，寫上圖說和標題，儼然像是「大型日記本」，好多故事被做成珍珠板，屋裡有個角落整齊立著一疊珍珠板，修一沒有一刻安閒，隨時就抽出一張珍珠版，放在椅子上面，就開始講了。

●插畫紀錄。從孫女花子小時候，一箱箱蔬果寄去女兒家，修一全部用插畫記錄，清清楚楚寄了什麼和何時寄的。我研究一下，大約是十天寄一次。花子幾歲就累積到多少年的紀錄。還有朋友來作客，當晚招待客人的菜色，也畫下來存檔。說實在的，不論功能性如何，這真是非常精采的飲食畫冊，整桌菜餚在修一的簡單筆觸、趣味備注下，呈現出活力與情感。

●作品編號冊：絕妙！英子紡織的圍巾、襪子等作品，有相片有插圖，修一用名片大小的紙張，整理成冊，特別給予編號，就跟藝術品一樣。每一件送給誰，詳細記錄。最高紀錄是送給好友的公司「紀伊國屋」全部員工一人一件。

看到產量驚人的紡織品，以及送禮的熱情，英子總會被誇獎，但是她說：「我其實不是為別人而做的，我是為自己。你要健康地活，必須手腳並用、腦子也要動，紡織就是這樣子幫助我保持健康。」

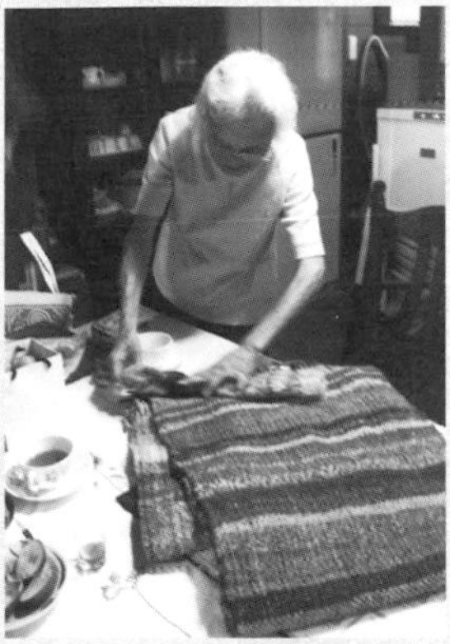

●修一手繪的行事曆。他之所以拿出來，是因為他得意地用珍珠板分享二〇一二年大溪地之旅，他注解的圖說：「最後一趟的自助旅行，最後一次的航行，八十八歲不可思議的健康……」然後秀出「二〇一二年行事曆」，分享那年除了旅行，還發生了什麼事情。他無所不記錄的精神應該很難找到對手。

如果我不願像上一代，那我想要像誰？

《積存時間的生活》開啓了太雅出版社「熟年優雅學院」這個新版圖。但真正的源頭，是我自己的生命故事。

年過四十歲後，父親在二〇〇七年中風，我的愛犬妞妞在二〇一〇年衰老走了，母親因慢性病逐漸衰弱，於二〇一一年過世，這一路走來，當朋友還在接送幼兒上下學，我就已經提前面對生命走向老化、告別親人的現實。

環顧四周的朋友，從我們父母的身上，我發現台灣嬰兒潮之前的人，也就是現在超過六十七歲的長者是滿不會照顧自己的，對於「想過怎樣的生活」

主觀意識不強，情感的安定性還是來自兒孫關係與經濟能力，並非內在的靈性或是建立一套吻合自我信念的生活方式。這跟日本老人靠社會福利、退休金安穩生活，多數人不與兒女同住，仍舊安排多樣化生活內容，兩相比較差距是很大的。我記得審閱本書的日文編輯告訴我，她曾經在日本住好幾年，像修一、英子這樣好動、勇於嘗試的老人家，在日本是很普遍的。這不禁給我一份使命感，就是為四十到六十歲的中年人，提供熟年優雅生活建議書。後來我引進更多熟年典範人物故事，這些前輩在日本，皆因長壽又活躍而被專書報導。這些人都不是七十歲才開始過有意義的生活，而是一直以來他們知道自己要什麼，對生活保持熱情、並且訴諸行動，等到工作或是家庭的步調趨緩、生活重心放回自己身上之後，他們只需要將特質與能力加倍發揚光大，就成了今天我們所看見的面貌。

我忍不住要感謝日方出版人橫山豊子、作者水野惠美子，還有攝影落合由利子，她們偶然的一次合作，竟然讓台灣讀者，還有中國對岸的朋友認識了名古屋愛知縣這一對老人家(注❶)。而且這一本可愛的書，開啓我一個使命，透過出版和活動，邀請中年人一起來走這條熟年禮讚的紅地毯。

外一章

找到農夫，寄送青菜給我

第一次拜會津端修一後，我回來第一件事情就是找我的老闆，晨星出版集團的社長陳銘民先生。我去他住的台中，跟他分享我拍的照片，講很多故事給他聽。非常巧合的是，陳社長返鄉整理老家農地超過十年了，他基本上已經是個農夫。「社長，我也想要有津端家那樣的溫暖，你從現在開始寄菜到台北給我」，社長聽到有人這樣肯定他的菜園成果，馬上豪氣答應我。

津端修一寄菜給女兒前，會用插畫記錄裝了什麼，我開箱之後會拍照留念，後來累積了好多照片，確實，收到社長自種的青菜時，不但快樂，也很珍惜地煮來吃，所以特別好吃。

續集

津端夫婦訪台，出席新書發表會

八十九歲的修一非常興奮，期待到台灣的日子，他馬不停蹄做著中文版新書發表會要送出的禮物，一百組木頭做的紀念品。除了英子，隨行的還有女兒朗子。在二〇一四年的八月十六日，演講會場擠滿了人，全場氣氛相當熱絡、讀者非常盛情，津端全家對於當天的圓滿成功，感到十分欣慰。最後排隊簽書的約有八十人，因為修一的簽名是一張圖，所以共花了九十分鐘，才完成。

太多人告訴我們：不知道為何，看見他們入場時，就覺得想掉眼淚；又有人說：當修一在第一本書簽名時，看見他那樣認真地畫圖，有想哭的感覺。

他們把陳清順刻的「津端」印章帶來台灣。五天行程中，安排去給陳先生掃墓，修一把簡陋的受難者墓碑清理了一下，然後唱起一首當年台灣少年工天天必唱的歌，邊唱邊哭起來，最後將印章埋進土裡還給陳清順。現場同行者，包括東海電視台紀錄片團隊（注❷），還有我們的編輯，都感染到他的哀傷與懷念，聽說就算不清楚來龍去脈的人，在現場也很難忍住眼淚。

他的女兒朗子當天請翻譯友人帶她去印章店，她找到一顆一模一樣的黑色章，刻了修一唯一孫女的名字「花子」。在新書發表會上，修一秀出這印章說：好像生命會生生不息，傳承下去，用了五十年的印章還給了陳清順，卻找到另一顆章送給孫女，這好像重生一樣，似乎失去什麼，卻依舊還在。

注❶：我們出版中文繁體版，兩年後，中國出版了簡體版。這兩年內一直有中國通路跟我們進貨，偶爾會收到信，表示像熟年優雅學院這樣的書籍，也應該到中國去發展。

注❷：日本東海電視台從二〇一三年起開始拍津端修一夫婦的紀錄片，二〇一七年一月在東京上映。

津端修一手信

張芳玲様

2014.10.25.

・台湾に行って、たくさんの元気をいただいて帰りました。
そして今、これからの自分を励ましたい気持が溢れていっぱいです。
不思議な、これまでに経験したことのない気持。ありがとうございました。

・サマーセット・モーム（1874-1965）は、私の好きな英国の作家です。
彼は64才の時の回想記に、こんなことを言ってます―
「私はいつも未来に向って生きてきたので、未来が短くなった今も、その習慣から抜け出せないでいるね」

・といいながら91歳まで生きて、自分の死をこう言ってます。
「私の目論んだ人生模様が完成する日」。―幸福な人生だったのですね。

・80歳のお誕生日には しみじみと、
「時々人生を繰り返したいかと質問されます。全体として見ると、結構よい一生でした。…もしかすると大部分の人よりよい一生だったかも」
と言いつつ、
「でももう一度繰り返しても無意味です。前に読んだ推理小説を再読するように、退屈です」と、言い切っています。

・91才で亡くなったモーム。やさしさがあって、ユーモアもあって、魅力的な奥様がずっと支えていたのでしょう。ドラマチックな1つのお話。『モーム語録』（行方昭夫編・訳）より。

・私も、同じような思いです。…当然、時が来れば「私の目論んだ人生模様が完成する日」を迎えることでしょう。でも もう少し、モームさんよりも長生きさせていただいて、茨木のり子さんのいうように、
「…だから決めた できれば長生きすることに／年をとってから凄く美しい絵を描いた／フランスのルオー爺さんのように／ね」を生きたいものです。ごきげんよう！

・台湾の言葉で、私たちの感謝の気持をお伝えすることが出来ず、申し訳ありません。お許し下さい。

つばた、しゅういち／ひでこ

桃源万歳!

去了一趟台灣，感覺好像充電，精神飽滿地回到日本。
現在的我只想要不斷地鼓勵自己。
謝謝您讓我有這樣的體驗，這是過去從沒有過的經歷。
我喜歡的英國作家Somerset Maugham (1874-1965)
在他六十四歲的回憶錄裡這麼說
「我的人生一直都是往前看，
雖然未來的日子不長，
但是我還是無法改掉這個習慣」
他雖然這麼說，也活到了九十一歲。
他對自己的死是這麼描述的
「那天就是我認為的理想人生完成的日子」
應該是很幸福的人生吧！
他在九十歲時深深地覺得
「經常有人問我希不希望人生再重來一次。
整體看來，比較大部份的人我的人生是很不錯的，
但是重來一次的話一點意義也沒有，
就像再讀一次之前讀過的推理小說，很無趣！」

九十一歲去世的Maugham總是一派優閒，又有幽默感，
可能是因為有一位充滿魅力的太太在背後支持他吧！
真是浪漫。
摘自『Maugham語錄』（生方昭夫編・譯）

我也是一樣的想法，當然對我而言
「我認為的理想人生完成的日子」有一天會來到，
現在的我比Maugham長壽，
如同茨子Noriko（日本女詩人，七十九歲過世）所說的
「……所以我決定了　能活多久就活多久
就像上了年紀還畫出非常美麗畫作的法國Georges Rouault爺爺一樣」
我很想活下去。

祝你健康。

無法用台灣的語言向您表達感謝之意，真的很抱歉，請多多諒解。

津端修一／英子

最後一個早晨，依舊是個快樂的男人

修一：我們是以「越來越美麗的人生」為目標，一路走過來的，換句話說，就是不讓人感覺到年紀。」

二〇一五年六月二日中午，津端修一先生在小睡中安然辭世。當天早上還在院子除草。

「這真的太津端修一風格的走法！」有一位太雅的工作人員這樣表達。我也忍不住想起，三個月前我第二度前往，在津端修一家用餐後，天色暗了，他們叫了車讓我們回旅館，我們一行人走出屋外，計程車等在巷弄裡，我們提著大包小包要上車時，發現只剩下英子在我身邊道別，修一不願意跟我說再見，人已經轉身進屋子去了。

我們透過電郵，請東海電視台的攝影師先生村田敦崇轉達給英子：「英子，你在書內曾經提到，你一定要先送走修一才行，因為你不放心他自己生活，你是偉大的妻子，你如願辦到了。」

在過世之前的幾個小時，還在自家菜園，做他最愛做的工作；不過才幾週前，他連續寄來的明信片上寫著：

「竹筍長出來了，英子驚喜！」

「櫻桃收成，英子做成果醬，當禮物送人。我們忙得不亦樂乎！」

「今年十月，再見熱望！」原先約好我們要再去，現在確定是無法再見到修一了，但是他那句「再見熱望」，在他走之後數個月，依舊對我是相當有溫度和真實的。

能夠保持這種活力，和對生命的熱度，直到走的那一天。是的，津端修一先生，你說的對，「這些都是金錢買不到的」！

你的生活方式，決定了你生命的自由度！

修一：「我的大溪地朋友說，他們那邊的人都會先決定好，死掉以後要去哪一顆星球。大家都喜歡浪漫的地方，南十字星一定擠得水泄不通，所以我打算去的是南十字星旁邊的小星星。」（《積》前言）

遙遠祝福　津端修一。

最溫暖的一頓飯，是因為那天妳走了

上午第四趟去看癌末的朋友彩虹。

我們的年紀是一樣的，今年四十八歲。

我去時，她的兄弟們在頭等病房內，父母正要回家去拿她的衣服，為今天可能到來的臨終做預備。

「鞋子也得拿喔！」醫院內的社工好心地叮嚀。

我擔心地望著打了嗎啡，呈現昏迷狀態的她，不曉得她會不會聽見這些商談？

然後我坐在她床邊的一張椅子上，待了兩個小時。

祈禱、安靜、注視她、回想前幾次和她的互動，我們說過的話。

反覆這幾個內在的活動，別的就沒有了。

突然，社工再次出現，看護跟她在病床旁商量，是否該穿上尿布？

「十天沒拉沒尿了！」看護。

「要穿！」社工。

「可是她說她不要耶。」（現在她看起來已經不省人事）

「要穿，現在就要穿！」社工堅定地告訴看護。

「是啊，最後，全部都會排出來。」看護比了一個誇張的動作。

她的兄弟們走出病房，門關上了。我這才意識到自己沒有選擇地留在原地，我是女的，我也要幫忙脫她的褲子，然後給她穿上尿布。

這一生，我沒有為一個成年女性做過這樣的事情。

我內心惶惑，但是手已經開始幫忙。當她的下半身赤裸在我眼前，骨瘦如材，雙腿的肌膚暗沈並且布滿小紅點，我突然鼻酸，眼睛濕了。

一直等到駐院牧師出現，做了臨終關懷的讀經和禱告後，我才跟她的家人告別。

離開醫院後，我感到內心有莫名的抱歉——妳的人生必須終止，而且妳是那麼不願意，但是我的人生卻可以繼續。

還有不安——我們一樣的年紀，妳為何會得骨肉癌？而我的健康是否靠目前的維護就夠了？

回到太雅辦公室是午休時間，前廳安靜無人，但是聽見沙發接待室有大家的聲音，原來他們在那裡將冰箱內的剩菜，煮成一頓午餐，大家正圍在那邊吃飯、閒聊。我進去坐下，就有人很貼心地去找碗筷給我。

端著一碗飯，坐在熟悉的員工當中，開始夾菜吃時，我才慢慢地從剛才臨終的場景離開，回到我會繼續走下去的人生。我何等感激這一頓飯，坐在自己熟悉的環境、跟每天一起工作的人，桌上一堆拼湊出來的剩菜，還有個小火爐，上面煮著新鮮的黑糖龍眼湯。有人在笑，龍眼已經放了多久，是哪一年誰送的；又有人堅稱黑糖對女生最好了，要每個月那個時候喝。我們唯一的男生編輯，已經非常習慣我們這樣子，還非常融入地問旁邊的女生：真的嗎？有效嗎？我心裡笑著。這是我今天的第一個笑容。

深夜我照例做每日省察的默想，二十分鐘後眼淚跑出來。在日記上寫著：今天的感恩是為彩虹寬衣穿尿布和中午那頓飯。

然後我不禁求上帝原諒我：過去我的人生，為太多無益的事情操煩；為強求不來的關係，浪費了經營的苦心；還有那些虛空的欲望，騙取多少我的眼淚？接著祈求，要為身邊一起生活的人，經營安全與上進的環境，要讓自己的工作，感動很多不認識我的人。

chapter 6

日本・青森縣

佐藤初女

九十四歲依舊撫慰人心的心靈導師

三月分出發去青森拜訪
《心靈招待所：九十四歲依舊撫慰人心的生命導師》
作者佐藤初女。初女女士建議我改五月來，
因為森林中的「伊斯基亞」在雪封期，無法進入。
「如果老遠跑來，卻沒有去到伊斯基亞，好可惜。」
但是我們這次的採訪隊，有好幾個訪談計畫，無法改期，
所以初女女士只能在「弘前」家裡接待我們。

佐藤初女是熟年優雅學院第七本「說故事系列」作者。看不懂日文的我，之所以會出版此書，跟《積存時間的生活》一樣，又是一張封面電到了我。當我看見初女手握另一個人的手，我在想：「她在做什麼」？帶著疑問，去問日文編輯，她說：「喔！她專門與人談話，撫慰人心，而且她在山裡面有個安靜的地方，可以提供住宿。」當下，我覺得有條越洋的線，把我和初女牽在一起了。

從二〇〇七年開始，維持六年的時間，我常去一個天主教避靜院祈禱，裡面一位靈修導引師，也是一位神父，逐漸成為跟我談話的人。基於我們十分接近的信仰（注❶），他輔助我從聖經的話語去默想、去面對好多艱難的問題。為了以愛還愛，我從二〇〇九年加入一個基督教靈修團體，為要加深我的祈禱經驗，並且預備自己在退休後，可以奉獻在陪伴他人生命成長的工作。剛巧這個靈修團體，由一個教會長期支持，並且也有人奉獻一片地，預備將來可以蓋成避靜禱告、共同生活的園區，所以基督教有機會在台灣誕生屬於自己教派文化的「避靜禱告院」。（注❷）

現在，把時空拉回太雅的辦公室，於二〇一四年的冬天，我盯著這本日文書的封面，在內心自言自語：原來，五十年前就有一位平凡的女性，走上這條路，她現在九十三歲了，她仍舊在撫慰人心……原來，我的夢想是如此真實，並非遙遠……原來是可能的，原來夢想可以是這樣安靜地、慢慢進行，而致圓滿；而且不管你看起來是如何平凡，如何渺小。

在初女女士的家，我告訴她：「我正在學習聆聽的功課。」她淡淡說：「聽比說更難。」當下我發現，初女的簡答很有韻味，甚至，對我來說，她帶有心靈透視的能力。譬如這一句「聽比說重要」，在我學習靈修導引的過程，因為商業經營者的背景太長久，在教會也授課一段時日，開會和講台上都是我在講話，所以要怎樣忍住不說，靜心地聽？怎樣放下自己的主觀，全然接受對方，帶著同理與信任地去陪伴？以我的背景，需要比其他同學更多掙扎和練習，才有一些進步。那天初女對我說「聽比說更難」，我不禁內心微笑起來，感佩她對我在五秒鐘內的直觀與反應。

她所創辦的伊斯基亞，很像個心靈庇護所——給心靈憂傷、迷惘的人，提供一個暫時棲身的家。人們從難纏的生活戰場離開，帶著行李，經過幾個大小車站，然後進入山中，眼中的世界慢慢地改變，大自然開始包圍著預備入住伊斯基亞的陌生人。你想像自己憔悴的樣子，這憔悴不是因為路途遙遠，而是因為內在的混亂不安。你想像你終於可以放下一切，然後來到一個幽靜的森林房舍，不久，用餐的時刻到了，可能有人預備好餐點，也可能工作人員會邀請你一起來捏飯糰。不久後，單純的三角飯糰，配合幾樣味道鮮明的小菜，或是加上一條烤魚，就成為大家的一頓飯。這裡的工作人員，會把你當成家人、當成重要的人，用款待的心迎接你，陪你吃一頓飯。

夜裡你沒有別的事情，只要好好休息。等你有充分的休息之後，你可以跟佐藤初女聊聊，這段時間，就是初女所形容的「心與心的相遇」。她明白迷惘的心，需要被另外一顆心了解，她也明白她不是神，只是一位傾聽者，所以她沒有壓力要講出一番人生道理。她相信這個靈魂被神認識，只要這人願意說，就能自己找到力量。依據我拜訪她那天的觀察，我想像她與伊斯基亞客人的談話，應該是有靈感就給予話語，沒有靈感，她就順其自然，不勉強自己說什麼。

她最奇妙的工作，應該是「超越言語的行動」。她的書中不斷提到「款待」就是「全面接受這人」。她相信用心款待人，讓人好好住在這裡幾天，好好做飯給他們吃，原先枯乾的心靈自然會開始透氣，「甚至有人都還沒有談話，就說她明白了，可以回家去了」。

注❶：不論天主教或是基督教（天主教則稱之為「新教」），信徒都稱為基督徒。他們共通點是信奉三一神（上帝、耶穌、聖靈），視聖經為最高的真理、生活行事的準則，以及靈修最重要的材料。差異點很多，舉例：對聖徒地位的看法（例如聖母瑪利亞）、儀式禮儀（例如領聖餐的態度）、告解（必須向神父告解還是直接跟耶穌認罪）等超過十項以上。網路上有很多知識或個人見解，可惜的是，常常為文的人，站在自己信仰的那一方來解析，讓另一方感到不平與錯謬。

注❷：基督教不常使用「靜默祈禱」，多是開口出聲的禱告，雖然基督教有建蓋在山區的禱告院，但在那邊也多是把心裡的禱詞說出來。天主教徒有聲、無聲的禱告都有，隱密在郊區或是山上的「靈修中心」，提供「個人避靜」的場地。從到達到離開，不論幾天都守靜默，不與人交談；除了聖經不閱讀別的，不上網不打電話，有些地方可以申請一天一次的談話，多半是神父擔任談話對象，主要是讓來避靜的基督徒，分享禱告所獲，再給予祈禱方向的建議。

我想在此提供個人親身經歷的「佐藤初女式的超越言語的行動」，幫助讀者進一步明白，書內初女不斷重複的「非語言的行動，深入人心」、「超越語言的行動，能導向未來」究竟是什麼？

這次採訪隊，我邀請了外甥女隨隊當攝影師，那一陣子她因為工作壓力，正陷入人生迷惘的階段。採訪初女那天，中午我們在初女家用餐，晚上則透過日本出版商國際科的林小姐，也是這次的隨行工作人員之一，安排大家在外共餐，包括初女和她的媳婦。我們不但點了好多樣菜，還點了清酒，初女非常好興致地跟我們喝了一小杯溫熱的清酒。她胃口很不錯，也由衷誇獎老闆的廚藝。

在晚餐接近尾聲時，我外甥女放下相機，問她能不能坐在初女女士旁邊？她坐好後，又問：能不能握住初女的手，好像封面那樣（在那之前，其實她並沒有見過封面那張照片）。然後她說：「我想念我的外婆。」就是我的母親，她三年前過世了。接著她啜泣起來，我們都不知道該怎樣反應時，只見初女安靜地坐著，跟她握著手，但是眼睛並沒有看她。有大約幾分鐘，我們都沒有講話。我外甥女停住眼淚後，用筷子夾了一塊烤馬鈴薯到初女盤子裡，初女用手拿起來吃，在牙齒間咬了一半，然後遞給我外甥女，我看著臉上掛著乾掉淚痕的她，接過馬鈴薯就塞進自己嘴巴吃掉了。

時間彷彿突然凝結一樣，這個只有在我媽媽和她幼稚園時，曾經出現過的畫面，怎麼會發生在初女和外甥女身上？她把咬過的馬鈴薯給她嗎？她吃了她咬過的馬鈴薯嗎？我愣愣地回味著那幾秒鐘我看見的「非語言的行動」。

晚上我們回到旅館後，我和林小姐同時想要喝杯咖啡，在大廳坐著講話。我問：「你有看見那一幕嗎？」她說：「我有，我覺得那是一種信任」。然後我把林小姐說的「那是一種信任」放在我心裡。我問上帝，是否我家的小寶貝，現在非常需要「被信任」？接下來的日子，直到我寫這篇文章時，我沒有忘記，她需要信任，這段日子我持守這件事情：聽她說話，相信她，支持她。

「你會再來嗎？我認為不需要等候太久，你就會來了，對吧！」這是初女下午曾經問我的話。

「我們先告辭，明天要搭飛機去大阪工作」，這是初女和媳婦提早離開餐廳的原因。

從熟年優雅學院推出「說故事系列」以來，有兩位故事的主人翁過世了——珍妮．柏絲和清川妙。每次傳來這樣的消息，都感到錯愕。正在安排時間去日本採訪呢，怎麼走了？就因為這樣子，這次根本不等雪融化，急忙就

九十四歲
依舊撫慰人心的
心靈導師

出發。沿途去了津端夫婦的家、坂本健一的家，又到了佐藤初女的家。修一說：「竟然我會去台灣，而你又再來我家，我感到自己還年輕。」他老婆英子說：「謝謝你邀請我們去台灣，這才發現原來我們還可以旅行，所以後來又去了箱根泡湯。」當初女說：「你很快就會再來吧？」我心想：這幾個人裡面，你走路最慢了，但是你也是最悠哉的，還跟我預約下一次。

難怪初女說：「我不太浪費時間在想死亡，對我來說，面對死亡的方式，就是活在當下，直到人生的最後一刻。」

翻開日曆，我畫上過幾個月後，去伊斯基亞的日期。如果九十四歲的初女還可以搭飛機出差，我想我沒有理由不再去青森。

文庫版編注：佐藤初女逝於二〇一六年二月，本書作者沒有再前往。

陌生人來敲門

公司曾經出版過一本單車環島的書，作者是個跟我一樣年紀的男士，姑且給他個代稱——小李。他認識我們不久，就知道我們出版社有幾位基督徒，包括當時的行銷宣傳雅鈴。

有一天他打電話給我，跟我講了一個很長的故事，目的是要我去關懷安寧病房一位女性。

小李一直是這家醫院安寧病房的義工，替臨終前的病人做身體按摩。不巧他遇見了以前廣告公司的同事，在此代稱——安娜。安娜得了絕症，各種器官敗壞，目前由妹妹全時間照顧。小李不是基督徒，但安娜是，只是太多年沒有去教會，根本身邊沒有基督徒朋友。安娜希望有人為她禱告，所以小李找我。我找了雅鈴一起去，我們總共去了兩次。第二次的時候，我們帶了聖油（教會書房買的小瓶裝橄欖油），為她抹油禱告：

「我按照教會給我帶職區牧的權柄，奉耶穌基督的名，現在為你抹油……」

我在她額頭和手臂上抹油，然後再做禱告。

那天服事結束之後，小李送我們到外面，然後他一臉歉意和沉重地說：「芳玲，我很抱歉，我不知道你會碰她……所以我一直沒有告訴妳們，她是愛滋病患者。」

當下我和雅鈴的表情究竟是什麼？我真想知道。

我只知道，我愣愣地對小李說，「喔，這樣，喔，好，應該沒關係吧……等一下我們去洗手。」他又鞠躬連聲抱歉。

我和雅鈴多此一舉地去洗手。兩個人討論著：她沒有傷口，我們不會有事吧！然後兩個人小沈重地回公司。

我那兩天回想小李的表情，真的是非常抱歉的模樣。但是，我卻聽見自己心裡在說：小李替她按摩呢！真是偉大。病人的妹妹也住在病房內幾個月了，真是勇敢。我們只是抹油禱告而已，竟然如此不安。應該要放下不安才對。

再過一個月，小李又打電話來：「芳玲，她不行了，妳能不能幫她辦後事？」

我真的想打他。「後事？請家人找葬儀社啊！」「她想要基督教儀式啊！」當時我真的已經承擔了相當多的任務，加上如此陌生的關係，竟被期待辦理後事，我跟雅鈴說，善人也是有限度的。

結果雅鈴決定承接了。

她跟我受同一個教會的訓練，也是經驗豐富的牧養義工。她去了醫院，把她全家叫來，進行「道歉與和好」儀式，請每一位跟安娜說對不起、謝謝你和再見。她回來後跟我說：「芳玲姊，真的太慘了。她的老公嫖妓把愛滋病傳染給安娜，他自己已經是個活死人，躺在家裡是個植物人，被架過來醫院的。什麼意識也沒有。兩個女兒小，安娜的媽媽又病又老。」後面我忘記了……。雅鈴還告訴我，除了無法講話的老公之外，每個親人都聽從雅鈴的建議，跟安娜說了一段話。

聽完她描述那個老公的樣子，以及為何安娜死亡的原因，我突然很想喝冰涼的啤酒，我告訴雅鈴：「我們去喝啤酒吧！為我們還沒有結婚，去慶祝一下！」

後來，雅鈴包辦了追思禮拜。殯儀館最小的廳，有彈琴的，有牧師，有幾位姊妹獻詩，雅鈴動員她能動員的人。

與喜樂的人要同樂；與哀哭的人要同哭。要彼此同心；不要心高氣傲，倒

要俯就卑微的人。不要自以為聰明。不要以惡報惡；眾人以為美的事要留心去做。（羅馬書十二：15-17）

光我一個人，善只會做一半；加上另一個人雅鈴，才使這份善完全。

一起合作，使善完全。

chapter 7

日本・大阪市

如果愛得徹底，一生只愛三樣東西也就夠了

坂本建一

他做了六十六年的書店老闆，
如果你將「青空書房」在健一身體衰弱之後，
移居到他自家客廳的這段時間也算的話，
那他已經是第六十八年的書店老闆。

終身他只愛三個對象：書本、書店、妻子。

「有時候我們會被一本書拯救。雖然挫折與失望接二連三，總有一本書會讓你產生勇氣……」這是舊書書店老闆坂本健一寫在某張海報上面的話。為了在公休日，能夠對上門撲空的客人有所交代，數十年來，他習慣前一晚貼好「今日公休」勵志海報。上面的話語，無非是鼓勵人：要看書，要充實自己，要不斷學習，做個有思想的人。

將近九十歲時，有媒體發現這樣奇特的書店老闆，還有人幫他辦海報展覽，於是出版社也出了命名為「今日公休」的書，裡面是他的人生故事，並且收錄了極多他的海報和寫給妻子的日常情書。

書本的宣教士

他認為人的命運與遇見一本好書，或是一位天才畫家的畫作息息相關，所以，他的書店裡面到處貼上小字條，上面常常是這類的句子：

「有一本書，正等著與你邂逅」、

「當你活得不耐煩時，這裡有一本書」、

「人生僅有一次，對人和書來說，也僅有一次的邂逅」、

如果愛得徹底，一生只愛三樣東西也就夠了

「花一個紅豆麵包的錢，就可能汲取日本文化的智慧」。

而鐵門上的「今日公休」海報，有另一種詩人加上宣教士的氣氛，字裡行間他在傳揚一種信念——不閱讀的人還叫人嗎？人之所以成為人，就是因為思考，而閱讀就是思考的觸媒：

「深秋時分的閱讀，人因思考而美麗」、

「閱讀如同吸奶，軟綿綿、暖烘烘的，讓人得到溫暖。」、

「沒有書的人生，就像沒有鍵盤的鋼琴」

當然，有時候他只是對生命有感而發：

「失敗那面牆的另一邊住著希望，青草要經過踩踏才會長高。」

「落葉是天神的降落傘，展開、閃耀、然後散落。」

他的人生使命就是：將長久以來從閱讀書籍所得的感動，分享給大家，這就是他的遺命、他對世界的貢獻，這樣才沒有白白來此一趟！

坂本健一提到幾次生命的低潮，書本怎樣拯救了他！在小學時，家裡貧

窮，父親總是拳打腳踢母親和身為長子的他，但是父親買了很多書，他在又窮又不快樂的童年，透過青少年文學作家佐藤紅綠的著作，發現書中人物的正義感是何等崇高。又好比半工半讀時，生活毫無品質可言，一本「人生論」的書，讓他著迷於「思想開明」的妙趣。最戲劇性地，是在戰後，他想要自殺，結果因為去看了馬蒂斯的畫展，他因其色彩大受衝擊，遂決定「我也要去描繪我的人生」！繪畫就這樣踏進他的人生，加入閱讀的人生使命行列，呈現在他日後所畫的「今日公休」海報與給妻子的「情書」。

天天寫情書給妻子

二〇一四年我將這本色彩繽紛的《今日公休》交給日文編輯後，她看完，我迫不及待地問，這書在講什麼？她非常擅長「講重點」，我記得她講的幾個重點中，有一段描述讓我決定要出版這本書：「他不但畫海報給客人看，太太生病時，他也畫給太太看，給太太加油打氣，表達他的思念和深愛……就是太太死後，他說：『我感覺空氣中仍有她的存在……』」就是這一句

「我感覺她仍然還在」感動了我這個如假包換的女人，我幾乎要大喊著：「把這書簽下來！」當時，我預見會有上萬人跟我一樣感動！

或許這是我的優點也是問題點，我的感動會自動瞬間放大，所以我簽下了這書的中文版，並且已經出版，但是書並沒有賣到萬本。值得安慰的是，媒體非常捧場，成為太雅出版社被徵求轉載率最高的一本書。

等書翻譯出來，我閱讀坂本健一描述的「猛妻」，實在搞笑到噴飯，他初娶她過門，有一次想要用拳頭教訓她，結果他打輸了，從此就沒有打過她。又說，老婆從嫁來，就說他不會有出息，果然他就當了六十七年的舊書書店老闆，從來沒有翻身或是發達過，書中他讚揚太太，真的好清楚他這個人，而且靠著省吃儉用，把一家給養大。

我原先期待的浪漫，並沒有因為他們的平凡、勤儉而破滅，反而因為讀完本書披露的「情書」，覺得好感動。

這些情書，起因是坂本健一五十歲之後，某天突然接到女性舊識的電話，健一親切地說些問候對方的話，結果引起老婆醋勁大發，幾天冷戰不跟他講話。他只好用夾報的廣告單背面寫他的情話，放在顯眼的地方。後來老婆氣消了，還笑說：「你還真敢寫出那種傻話」。從此他每天找一張廣告單的背面，寫我愛妳、我喜歡妳、非常感謝妳、我們的愛如何寶貴……之類的話。

晚年太太生病之後，住到有點遠的養護中心。他親手畫的「明信片情書」變成他寂寞與不安中的吶喊，好像要把整個生命燃燒成一把火，焚燒到她的心靈裡去，好讓她康復起來。

跑到終點，愛到最高點

如果我們因為數十年的文字傳達，說坂本健一是稀有的深情丈夫，憑著白紙黑字，證據可說是汗牛充棟，但是，他也說他不曾帶她去旅行，除了一顆珍珠之外，他就沒有送過她其他的。這樣的愛情，你羨慕嗎？好難羨慕。原來和美女士的愛情比坂本健一的更偉大！她的認定跟委身令我敬佩。能夠忠心跟丈夫輪流顧店、能夠靠舊書書店賺來的一點錢照顧全家，能夠支持丈夫的理想一直到終老，她雖然不寫也不畫畫，但是她的作為就是愛情啊！

難怪她病了，坂本健一就心碎了，必須瘋狂地寫和畫。他甚至跨越過明信片寫到海報去。有一天他臨時打烊，要趕去醫院照顧狀況惡化的妻子時，他

如果愛得徹底，一生只愛三樣東西也就夠了

還是給客人畫了一張休息的海報，只是大海報的留言是：

「本日休息，對不起，我最親愛的人正跟生命搏鬥，我想要陪伴她，請原諒我的任性。」

如果你跟我一樣是如假包換的女人，我需要提醒你，有機會讀《今日公休》時，我們羨慕就羨慕，想哭就哭，因為是真人真事，你不必取笑自己說「好傻，不過就是一本小說而已」！

「只要還有一線希望，我就不會放棄，生命就是這樣，我的愛如此熾烈……」

「我決定了，只要地鐵沒有停駛，我就要去看妳……」

當我校閱這本書時，好幾次讀來讀去這些句子，深感縱然人終有一死，但並非什麼都無法留下，《今日公休》讓你我都能夠透過閱讀，參與在他們的人生與愛情故事中。你讀了，就會延續到他們的情感，這愛的力量就會流進你的生命。

出發！尋找大阪的坂本健一

二〇一五年的三月，氣溫雖然寒冷，但是大阪這天出了大太陽，我不禁想到「青空書房」那兩個字「青空」，果然抬頭看天是藍色的。兩天後我們去大雪覆蓋的青森探望佐藤初女，就完全是另一個銀色世界了。

我們很高興在路口找到「書店指標」，健一自己做的小立牌，然後又在門口研究他的留言小字條：「去醫院，九點四十七分回來」，我們一起納悶：為何不寫整數，要寫四十七分呢？真的是非常在意訪客呢！我想起書中講的，他覺得有人上書店卻撲空，他會好過意不去，有人想要看一本書，怎麼能讓這人錯過與書的邂逅呢？

面對坂本健一，完全沒有陌生感，就好像已經認識他一段時間了。當翻譯說，我很欣賞他對人生的想法，還有書中所有他的詩詞、圖畫。他立刻兩個手掌向上，伸向我，要跟我握住手。坦白說，我好喜歡那一刻。我一直覺得我跟健一有很多相似的地方，包括我們希望內心的情感可以很直接地傳遞到對方心裡，還有對事情的論點和看法，都帶著情感和強調人性可貴的一面。

如果愛得徹底，一生只愛三樣東西也就夠了

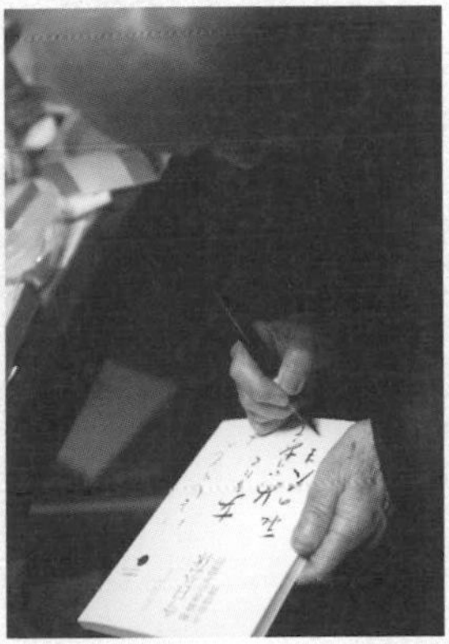

を 待っている
人が居る
一冊がある
ここは 忘れていた
あなたの人生がある
路地裏の古本屋 青空書房

健一的住處，自出生到現在都在這裡，是個兩層樓的老房子，他在一樓有客廳，目前客廳擺滿了書架，像個迷你小書店，健一有張桌子，看電視和吃飯都在一處，如果要接電話就到門邊的地方去講。牆壁上很多小小布告欄，可以貼便條紙。桌上堆滿了各種筆、墨水、紙張、書本，也看見幾瓶藥罐。由於屋子空間有限，我們就圍著他坐，沒有移動，就在他位子上聊了起來。不過，健一是個不太需要設計問題給他回答的受訪人，他有很多話想告訴我們，他一件件地分享：

在今天人手一支智慧型手機的時代，健一認為人類閱讀的危機：現在的人很少看書了，原本書市的主力是年輕人，但是今天的年輕人都在滑手機。他們不用閱讀，腦子不用裝知識，因為他們想知道什麼，就用手機去查，手機成為他們的腦子。

「你不閱讀，你就無法吸收思想；你越少思考，情感表達自然越少越淺，愛就變少了。」再下一句我個人覺得非常經典：「自己若是可以思考，驚喜就能常常造訪」當健一說完這句話，對於從小喜歡閱讀的我來說，被喚醒了好多閱讀的回憶，在沒有玩具、樂園、公園的時代，電視節目又搶不贏哥哥姊姊，幾本破爛的漫畫書就是快樂的食糧；又，沈悶的國高中時期，上課都在發呆，但是下課後，跟同學家借的小說、散文期刊，變成我思想與情感攀

如果愛得徹底，一生只愛三樣東西也就夠了

爬蔓延的藤枝。現在，從事文化出版業多年，光是看路上、車上的廣告文案，思想也會不斷盤旋。

《今日公休》中有更清楚地表達，關於他對於閱讀的重視：「看了大量的書，就會產生另一個自我，能夠客觀地看待自己。也就是形成自我的客體，能夠斥責自己：『你在幹嘛呀？』或是鼓勵自己：『你要走出去！』對於想要繼續存活的人來說，這是非常重要的成長。」「從閱讀的書本中學習是一大重點。人存活於世並不只是呼吸空氣、吃飯、排泄完就沒事了。我們必須用頭腦思考，為了做出行動而學習。如果不看書，這一生就白過了。」

他也主動地談到對妻子的感情。首先他表示，在親情中的父母、兄弟姊妹是血緣關係，但是不及「夫妻」來得深刻。妻子過世後，他非常孤單，但是他又感到妻子似乎還在屋子裡。「我進門時，會很想按門鈴，我的感覺是她還是在。我是個資深的無神論者，不相信看不見的東西，但是自從太太過世，我竟然感到在看不見的時空，她仍舊在，這無形的力量很大，引領我生活。我有時候打瞌睡，突然醒過來時，感覺不是我自己醒來的，是被太太推醒的；又常常感到她在撫摸我的背部……愛的存在感很大。」

我們拿出台灣帶去的鳳梨酥，他立刻就拆開一個吃，看起來吃得津津有味。

最後他在我們的書本上，留下他的簽字和留言：

「你有多少眼淚，就證明你有多少經歷。」——給隨行翻譯人員。

「珍貴的東西，與你相約，我的人生因此得到一盞燈」——給我的。

九十二歲的他，寫了六十多年的小箴言，貼在書店的各個角落，今天我們獲得隻字片語，非常珍惜。

不要害怕愛，就算最終會先有一方離開，只要在過程中，我們都能知道彼此的心，也願意共同走到最後，那就值得開啟這段愛的旅程。

中年單身的我，也因為《今日公休》的坂本健一，更珍惜我現有的和未來的幸福，並慶幸閱讀使我活得，比一般人多太多溫度和感性。我見過坂本健一後，感到自己遇見了明白這件事情的另一個靈魂，並看見雖然人肉體衰退，但並不影響到他內心殿堂的豐富，我將此深刻記在心裡。謝謝健一！

文庫版編注：坂本健一於二〇一六年七月，安然逝於家中，鄰居說前一天，還見他把書店指示牌拿到巷口。

如果愛得徹底，一生只愛三樣東西也就夠了

坂本健一九十歲有感而發

這陣子，我每天都在思考死亡。

死亡的另一頭是什麼？我一方面覺得「那裡什麼都沒有」，一方面又悲痛地感覺到先走一步的內人仍在旁邊。有時候她會撫摸或按摩我的背部。她似乎一直陪著我，從來沒有離開過。

年輕時，我以為我不會死。現在死亡已經是現實本身，變得沉甸甸的，清晰可見。

可是，真正應該正視的是活著這件事。我做過什麼事？我正在做什麼？我想要做什麼？

如果把人生每個時刻都當成一生絕無僅有的邂逅，就會格外體察到，必須把全副心思和所有行動都集中在當下的每一個瞬間。

今天我仍然一邊掉落或失去物品，一邊在暮色蒼茫中蹣跚行走。

二〇一三年六月　坂本健一

——摘錄自《今日公休——九十歲書店老闆的生命情書》

如果愛得徹底，
一生只愛三樣東西
也就夠了

坂本健一手信

張芳玲　樣

謝謝你送給我《遇見未來的自己》。有些中文漢字我看得懂，意思懂了之後我禁不住笑了起來，又很佩服你仔細的觀察力。除了張芳玲小姐的文筆流暢以外，還有結構力，編輯力都很完美。真令人佩服你。作者（著者）的真心話跟人品會流露出在文章裡。

好書完成了。

恭喜你。

二〇一五年十二月二十八日　記

坂本健一

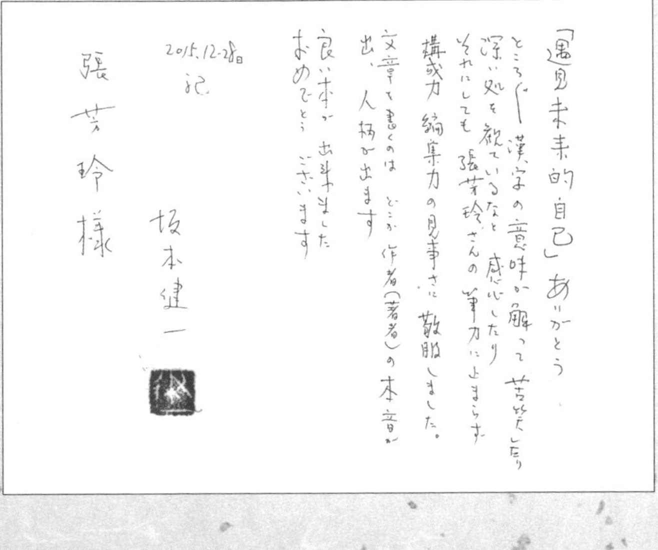
「遇見未來的自己」ありがとう
ところどころ漢字の意味が解って苦笑したり
深い処を観ているなと感心したり
それにしても張芳玲さんの筆力に止まらず
構成力 編集力の見事さに敬服しました。
文章を書くのは どこか作者(著者)の本音が
出、人柄が出ます
良い本が出来ました
おめでとうございます
2015.12.28日
記
坂本健一
張芳玲様

chapter 8

台北

熟年優雅學院

優雅地老去，中年人應該知道的十件事情

1

終生保持夢想力

每一天你醒來，都有等著你去完成的事情；你今天做著昨天計畫要做的事情，同時也要計畫明天要完成什麼事情。

我一點也不否認，這世界上多的是希望每天沒事幹的人，但是，你我也清楚，沒有多少人忍受得住漫長的無聊。所以平心而論，只要人找到他熱情的事情、有意義的事情、有目標事情，根本就不想停下來！

十年前我有一位女性友人，嫁給一個很特別的家庭，家中成員非常害怕父親會死，父親本來只是衰弱，竟然餘生的十五年，幾乎足不出户，女兒和老婆隨伺在旁，後來變成真的無行動能力，家中還備了氧氣筒，以防萬一。

當你讀完本書所有我會晤的前輩，你會發現：沒有一刻你的氣息是屬於你自己的，因為這氣息如何來，以及你的氣息何時停止，你並無法掌握。所以你必然有你活著的任務，趁早找到這份任務，使之成為你的終生志趣和工作，然後快快上路吧！一旦你找到，就是活到九十歲，人生還不夠你用呢！

台東前公東高工校長黃清泰，已經從教職離開二十八年了，但是他把自己當作不退休的校長，我感到他內心沒有把自己跟這所學校分離過。

他指著學校教堂的牆壁，說：這塊彩繪玻璃被颱風破壞了，我要請學校跟瑞士聯絡，找回原先的設計圖，我想把這裡補上……。我第二度去看他時，他接續上一次的話題，如何推廣木工技藝，他說「我現在想要從孩童開始」，他給我看一座新的模具，這是他製作的安全工具，讓小朋友也能作木工。一個月不見，他的腦筋已經跑得很遠，連怎樣推廣也想到了「我發現Home School的老師、家長非常能接受，還有一所國民小學，我想我近期要去跟他們談，先把老師送來學，然後再帶小朋友來。」

在第一趟時，他在「向陽薪傳木工坊」告訴我：「我們經理在規畫兩天一日遊，住我們這裡，然後學木工，再去多良部落參觀體驗，晚上去泡溫泉。」第二次去，小木屋提供了歐式西餐，行程規畫也出來了，已經可以報名。

常言道，要活就要動，但是我想說，別再老是講運動，「動」有很多種，除了運動，善用中年人、熟齡者每個人獨特的背景，去開發更有價值的行動吧！

屏東王朝賢在忙著布置石板屋，重現當年四十年前部落生活的原貌，同時繼續創造解決生活問題的工具，當然「不彎腰系列」是一定會越來越多。

津端修一六十歲從廣島大學辭職，返鄉當田園陶淵明。在這之前有十年時間，是往返於兩地之間，慢慢整地。他在八十歲之後，引起媒體的注意，先後有兩家日本出版社，出版他們夫婦的田園生活。我們認識時他是八十八歲，他認為他的使命是：告訴世人，生活應該是要遠離都市。白天去都市上班可以，但是下班後應該回到郊區，住在有院子的房子，而且院子要栽種蔬果，大人小孩可以一起經營。這種住宅的形式，叫做「廚房田園」，他主張要多興建田園住宅新市鎮，不要一直在城市裡蓋高樓給人居住。

我每次演講，播放他們家的紀錄短片時，台下都會有很熱烈的回應，特別是看過《積存時間的生活》這本書的人，再看真實的影像時，內心的敬佩和羨慕就更加深。

老公過世之後，又活了很長的吉澤久子與清川妙，也是終生保持夢想力者。前者在家主持名為「群會」的讀書會，要求每個成員要輪流負責主題，並且吉澤久子開放廚房讓大家交流廚藝。阿部絢子就是因受她的影響，而找到自己六十後人生方向，目前也寫了幾本書了。

關於吉澤久子最有意思的是，九十歲過後，每一年都有一到三本的書籍跟她有關，多半是訪談寫出來的。認真生活的她，儼然早已經是日本熟年生活指導權威，談論高齡人生智慧或是生活實用技巧，深受肯定。今年她九十七歲(西元一九一八年出生)，每老一歲，就更有價值，是出版商必追的作家。

清川妙從小就仰慕日本文學，但是不敢有作家夢。兒子出生後，發現他失聰，她扛起語言教育的責任，長年花時間在兒子身上，等到三十六歲，有媒體報導他們母子，主婦之友出版社才主動找上清川妙，鼓勵她寫出養育的故事。之後，她更成為日本經典文學《枕草子》與《徒然草》的研究家，持續數十年，不斷針對這兩本著作，招生開讀書會，魅力之大，很難想像。更有趣的是，她將自己寫信的本事，開班授課，「教人如何寫信」竟然成為她另一個工作。

那麼九十四歲的佐藤初女，在「終身懷抱夢想力」這一點，就是前輩中的前輩了。她超過半世紀，投入「心靈輔導」的志業，用非常有創意的方式，在森林中成立「伊斯基亞中心」，接待心靈沈重的人。直到二〇一五年，我去拜訪她時，縱使走路已經需要有人扶持，但她的工作行程還是很滿的。

「只要我還可以動，我可以做，我就會繼續走在我的任務上」這就是我所說的終生懷抱夢想力！

2 持續做自己喜歡的事情

在日本書店能找到的熟年典範故事，有兩個同時具備的條件，一是破九十歲，二是仍舊在做著自己喜歡做的事情。

相對於台灣退休人士，日本人退休後去做義工，或是參加旅行團的習慣，沒有很流行。據說日本老人比較感興趣的，是把自己的日常生活照顧好，參加各種主題的社團。花費上面，比較多投資在每天吃的食品和家庭生活用品。可能因為如此，日本比較多看來優雅的老人，因為他們依照才能、興趣，各有特色地經營老後生活。

當人在做自己擅長又喜歡的事情時，很容易獲得自我滿足感，因為代表這人持續在達成自我實現，沒有人不知道這對健康的幫助很大，只是別等六十後才開始，是現在就要開始。

津端英子自小的夢想就是種菜，津端修一於廣島任教期間，她租了一小塊地，修一去上班後，她就搭車去這小片土地，種點蔬果。後來他們繼承了修一母親的土地，津端修一決定辭去工作，做他更想要做的事情，就是帶著英子到鄉下去，把房子蓋起來，然後開始整地、種植。自此到現在，四十年的時光，他們夫婦都在做著自己最喜愛的工作，而且享受土地回饋的一切物產，經營他們詩情畫意的田園生活。

離鄉背井六十五年的加拿大修女珍妮·柏絲，在東京附近調布市某修道院中，主持讀經班長達四十年。學生都是附近的日本太太。她因為懂得透過聖經故事講解生活智慧，讓許多日本女性受益，其中有學生在出版社工作，特別將她的言論和見解整理出書，一本叫做《微笑帶來幸福》，一本叫做《幸福總在眼淚之後到來》。

珍妮·柏絲主持讀經班，雖是她的工作，也是她的熱愛。不用退休的她，持續四十年做同一件事情，樂在其中。她甚至提供自己做的糕點，給讀經班的太太們享用，那些食譜都被收錄進去書中了。

我們二〇一三年為了出版她的書，透過日本出版社與她聯繫時，她都還能表達意見，沒想到幾個月後安息主懷，享壽九十七歲（一九一六年出生）。可見，她自主能力、表達能力在最後一年都還維持得不錯。

最後我想提愛美的清川妙。我覺得她人生中，最喜歡做的兩件事情，就是學習和旅行。這聽起來，台灣人就熟悉多了。但是清川妙的「認真」程度，絕對令我們甘拜下風。她五十三歲開始學習英文，請一對一的外國老師，上超過四百堂課、平日勤聽錄音帶。然後她踏上旅途，前往英國、法國進行自助旅行，從六十五歲到八十四歲，總共完成十五次旅行。

勤於記錄和做規畫，也是多位典範的特徵，認真的清川妙，每次旅行都有一本專門拿來規畫行程和記錄遊記的筆記本，而多年後，她還製作一個大表格，上面密密麻麻的字，我稱為「旅行編年史」。

不便旅行之後，她轉向「江户文化歷史檢定考」，從八十八歲到九十歲都在考，因為有一級、二級、三級。

其實，「習慣給自己挑戰」是清川妙很大的特色，但是，她會選自己想做的事情，特別的是，她還會設立目標。

台東的金谷園前輩一生最長的時間，花在攝影上面。那是他公務員生涯，陪伴他最長的嗜好。七十幾歲之後，他感到體力無法再為了捕捉好照片，而背著沈重的相機，於是逐漸轉向詩詞創作。然而我覺得他有一項「喜歡」是與眾不同的，就是「邀集同好」。不論早期的台東攝影同好，還是後來的詩社，我看見金谷園先生很能參與在團體中，而且非常會交朋友，這一點持續到九十這個年紀，相當特別，也值得可憐的都會中年人好好省思。

不論如何，退休後才想建立新的興趣和人際關係，會比較困難，還在職場時，不妨就先瞭解自己，試試看什麼會是自己可以業餘培養的嗜好。

至於人際關係，是否真的要有群體生活？我想每個人都需要有「互動」的對象，至於要有多少互動的對象、團體，每個人都要瞭解自己後再去規畫才好，而規畫之後，也要把時間投資在這件事情上面，不然，除了家人就完全沒有朋友，確實在未來是個危機。

3 真誠卻不依賴的人際關係

還不夠老時，不要以為誰會陪你終老，人算不如天算，人生必有幾分冒險。關係的經營，只要一直保持誠心，自然會有很好的累積，對於遙遠的未來，與其過度憂慮孤單問題，不如現在用心經營關係。

我們都知道日本人不習慣跟兒女同住，年輕人遇節日也不一定返鄉團聚，但是不表示他們是孤僻的。我覺得津端夫婦的人際關係，很有意思。他們跟兩個已婚的女兒，保持密切的聯絡，但是見面可能沒有台灣人家庭那樣多。他們這一年半來，反倒跟當地的東海電視台，一支紀錄片的三人團隊，走得最為密切。台灣的新書發表會，那三個男人也跟來拍攝他們兩老，可能因為他們已經跟拍一年了，我看他們的互動，非常像一家人。二〇一五年三月第二度去他們家，果然他們早已等在那邊要拍我們的到來。我看見門廊掛著一盆花，說是導演送給英子的生日禮物；而攝影師的家庭照已經放在某著桌台上；大家圍坐一桌吃飯時，他們笑聲大到可以掀屋頂。

最驚人的是，主牆上一直有幅書法，他們知道我喜歡那幾句話，所以補上我的名字，和出版人序文標題之後，重製了那幅海報，再懸掛上去。這件事情，感動我到至今。

當你的旅途一直延伸，有人上車、有人下車，有人走遠，有人走近，熟的人不見，陌生的人卻帶來驚喜，你能怎麼辦？人只能「活在當下」，就跟現在旅途中出現的夥伴，一起走這一段吧！

舊的關係不能強求，但是意外降臨的新關係，可能充滿了上天給予的恩典，不管幾歲，繼續交朋友吧！

修一的女兒朗子，跟他們夫婦一起來過台灣，所以她寫信給我：「父親說，能在這年紀還認識像你這樣的好人，他感到很幸運。」（可能是因為我邀請他們三人到台灣，並且協助修一完成給舊識掃墓的願望）他八十七歲時，我第一次去他們家，八十九歲他來台灣，九十歲修一忽然辭世，試想：誰能像津端修一一樣，在這樣的年紀，跟東海電視台和台灣的新朋友，熱鬧地度過了他的最後一年呢？

他有開放的心胸，但是個性又非常固執。他可以敞開雙手歡迎你，但是他不輕易配合你的安排。他習慣表達清楚他要什麼和不要什麼，但是你不會感到他高傲，因為你知道他心懷感激，只是他需要我們尊重他的好惡。這是他在台灣五天行程中，我經歷到的。

吉澤久子在我要去拜訪她前，告訴日方出版商說：「我是很歡迎她，但是我不敢保證三個月後的事情，畢竟我已經九十七歲了……」

等我到了日本，出版社很為難地通知我，吉澤久子這幾天心臟不太舒服，要跟我取消見面。我雖然非常失望，但內心其實贊同她所做的決定。這個年紀，本來就不應該為了人情世故勉強自己什麼。

吉澤久子在《一個人的不老生活方式》提到她的交友原則。她不喜歡跟負面哀怨的人作朋友，「這些人是把自己的生命交在別人手上的人」。她同時主張，朋友之間「正因為不依賴，才能培養真正的友情」。吉澤久子獨居三十年以上，她參與好幾個團體，我相信她是活躍的，但是她不喜歡黏膩的關係。

我個人也相當同意這樣的態度，因為成年之後，若是跟配偶或兒女很親密，這非常值得鼓勵，但是超乎友情的強烈情感，或是異常的依賴，牽繫在朋友身上，如果是單方面的，只會嚇跑對方，而如果是雙方互相，又不是要結婚，那更麻煩，遲早會受傷的。可是，中年受這種傷，會不會太可憐了呢？

我想，中年人需要早一點作生命重整的功課，一般說來，教會有很多這樣的課程，坊間也有好多專業諮商師或是合格的心理輔導，開辦各種主題的團體成長班，女性很適合透過這些課程去整理生命，好繼續往前走。而男性很少涉足心理或是靈性成長團體班，所以我會建議用一對一的生命教練對談，使用評量工具，瞭解自己，並面對生命中欠缺的元素，然後有意識地在生活中，慢慢調整自己的行為模式與跟人的互動。

任何人想好好過六十後的人生，人際關係的經營是相當重要的，可能要比年輕時更懂得選朋友、作朋友；如果你在這之前能進行一番自我修練，我相信你會豐富別人的世界，而別人也能溫暖你的心。

吉澤久子：「人際關係的儲存、欲望的整頓，是邁向老年生活的重要步驟。」以她的話，作為我的結尾是最恰當不過了。

4

找到自己的手作本事

這一點上帝絕對公平，就是每個人都可以從事手作。即使手部殘廢的人，都能用腳指頭持筆作畫，販售給他人，你就不用懷疑你不會手作一些東西。在本書中，除了百歲的劉穀文先生之外，每位前輩竟然都有手作的本事。這一點原先不在我的選角條件內，驚人的卻出現這個共通點。

黃清泰說，根據調查，「作木工」是最快樂的工作行業，所以他要傳承木工。我想這是真的，因為王朝賢的木工也做得極好，他確實是本書最開心的長者。

津端英子喜歡紡織，她有一台傳統的紡織機，數十年來她的圍巾、襪子分送給相當多人，曾經還給一家公司所有員工當作尾牙禮物。她告訴我：「我要感謝這台紡織機，因為要手腳並用，所以我認為我的健康要歸功給它。」

修一家的院子，一部分是菜園，另外就是圍繞著菜園的雜樹林，其中包含不少果樹。每年他會切除一些枝幹，曬乾，然後做木刻。太雅出版社幾次活動，就是拿修一的小木刻來贈送給與會者，最多一次是三百個，我說要付錢，修一堅持不收。

自己手工作東西，不論是為了創作，還是實用，有四個非常有利的優點：

◆帶來健康：即使不需要手腳並用，也能刺激腦部活動。

◆創造分享：送人時最佳的禮物，絕對有助你的人際關係。

◆情感留念：練習情感表達原本就有利健康和關係，而且一般人捨不得丟手作禮物，所以要送就送你手作的。

◆贏得敬愛：拿到禮物的人，常會把你誇上天。

我曾經因為求學時，勞作成績差，出社會後從不將手作當作休閒活動，近幾年發現，我學做菜，一學就會，西點蛋糕也動手作了。平常我收集各種包裝紙盒，興致來時，就做蛋糕送人。我記得有次參加一個靈修營會，三十人，有三分之二的人我不認識，但是我做了一個十吋的水果磅蛋糕，在天寒日子，大家一人一口配飲料喝，可能也是因為分量少，他們看來意猶未盡。

後來我又開始製作相簿。起初是為了自己想要收集回憶，所以洗出一些照片，剪剪貼貼。玩出興趣後，買了更多相簿，試著貼出不同主題。有次認識一位很會收集美麗樹葉的朋友，她教我怎樣乾燥葉子，然後我也開始收集葉子，等乾燥好後，跟照片配搭，就很有變化。

接著，我就開始把「相簿當禮物」。參加活動時，我通常會帶相機去，事後用一張照片去加工，或是貼一整本相簿，然後當作禮物給人。我知道大家現在都用電子檔在傳送照片，但是沒有一本相簿在手上翻閱的那種滿足感。實行到現在，確實常常獲得朋友的感謝與讚美。

5

把絕處逢生的經驗當作生命鑽石

遇到困難時，當作你是在撿鑽石吧！經過大風大浪的人，後來都活得較輕鬆自在。稀有的不幸遭遇臨到我們時，請相信冥冥中會有神的助佑，只要走在對的路上（如果原先不在正途，當然是要轉向正途），上天不會見死不救的。

台灣經濟衰退的這八年來，燒炭自殺逐漸不再是新聞了，因為多到不稀奇，連你身邊都有聽聞誰的親友發生這樣的事情，除非沒有新聞可報，不然警察處理完就好，媒體已經不會特別當一回事。

覺得自己很糟，已經沒有第二次機會了？絕望是死神的僕役，所以你要離他遠一點。

若不是自己造成的，而是不可掌握與預測的事情，本書的長壽前輩們幾乎都有絕處逢生的經驗，我們幾乎可以斷定，這些千鈞一髮、不幸中大幸的事情，給了人類對自身「生命韌度」的信心，對於往後的人生，產生極大的力量。

一派優雅嫻熟的清川妙，實在讓人想不到她在七十三歲那年，經歷了三重打擊：丈夫在泡溫泉時驟逝、她得胃癌需要切除大半的胃、半年後兒子得胰臟癌過世。走過死蔭幽谷般的兩年後，她振作起來，持續作自己喜歡做的事情，得到日本文化界不小的敬重，著作不少，直到九十三歲才走。

在二次世界大戰期間，日本男人都去當兵打戰，女學生那時被徵召去工作支援，學校停課。有一天，英子在往工廠的路上，聽見空襲警報，她就折返搭車要回家，可是沒多久又出現警報解除的聲音，照理她應該再去工廠，但是最後順從內心的害怕就繼續往回家的路走。沒想到，還沒有回到家，她工作的工廠就被炸掉了，事後得知死了很多人。

年輕時的這個經歷，讓英子有了兩個人生哲學：「我從來不隨便聽信別人講的話，更不會盲從。」「我相信直覺」。

津端修一喜愛駕駛帆船出海，這是他維持一生的嗜好，直到他不能出海了，他家裡有大型的帆船模型，供在極顯目的地方，讓他可以好好跟客人講故事。他的歷險，都是在海上，大約遇到六次船難，幾乎要滅頂的感覺。

「一般人都會喊：神啊，救我！我是喊：英子，救我！」他總是這樣告訴人。

坂本健一是擁有最多絕處逢生經驗的前輩。在二次世界大戰，他被徵召入伍，有兩次死裡逃生的經驗。戰爭結束後，他半工半讀，在明治製果做運送奶油的工作。有一天他要把奶油放進去冰庫時，不小心把門關上了，那道門是雙層的，怎樣喊叫也沒有用。他知道溫度是零下十度，性命有危險。但是卻聽見有個聲音說：「你是個天才，一定會獲救的，先慢慢吃點乳酪吧！」吃完乳酪，他想出了法子，就是讓冰庫的電線短路，這樣子公司就會整個停電。後來他被管電器的大叔給救出來，但是也被大叔揍了一頓。健一說：那時挨揍的拳頭，教我欣喜不已！

沒有走不過去的難關！絕處逢生的人，活下來後，往往能創造比他人更美好的餘生。

6

承認孤單 積極化解不安

一般人喜歡獨處也喜歡有人陪伴，這是兩種都被需要的狀態，只是在中年人的身上談「孤單」，其實在講的是「獨居和對未來的不安」的人，這時鎂光燈就免不了照在沒有結婚、失婚、配偶先走的人身上了。

這個議題很多人都要面對，因為離婚率開始高揚的年代，就是現在五十幾歲的人，年齡越往下走，失婚比例是越高。

失婚者有小孩的叫做單親，沒有小孩的叫做單身，如果再加上沒有結婚的人，不久的未來，超過六十歲的單身獨居者為數可觀。

讓我們看看吉澤久子吧！她六十五歲時丈夫過世，活到九十七歲，獨居了三十二年。沒有生小孩，住在附近的晚輩，也已經七十幾歲了。她是個極為獨立的女性，卻又人脈廣熟，參加數個與趣團體、也當社區環保義工。她說：「獨處時光與人際關係，對我是最重要的兩件事情。」因為在獨處的時候，她才能沈澱自己，弄清楚自己現階段，究竟要的是什麼？

吉澤久子和清川妙都提到過：「丈夫過世後，把孤單當作是自由的禮物。」想要到達這種境界，就要不斷消除「中年不安」，把你為何不安的原因，寫下來，然後去面對它。這方面的高手是阿部絢子，她的著作《一個人也快樂，熟齡的單身生活》，就是以自己單身又不富裕，邁入六十歲時慌張不安為背景，寫出這十年間她怎樣一一消除不安，過著快樂又充實的獨居生活。

健康又很會安排自己生活的人，孤單問題只是內心的狀態，正面地肯定單身生活就好。

原本就不太主動參加團體活動的中年男人，如果要預防老後的孤單，我覺得用終身志業成為解決方案是最好的，因為男人需要被敬重，感到自己有價值，做終身志業，可以活絡人際關係，又能在貢獻中得到成就感。

女性比較不排斥團體，所以加入數個興趣團體，是我推薦的。只是也要學習獨處的藝術，因為光是忙著生活，忙著活動，不代表心靈就不空虛。所以，選擇讀書會，或是靈修祈禱班，教會查經班等，不但活動參加了，也對解決心靈不安有很大助益。

7 活在愛的關係中

許爾文・努蘭Sherwin B. Nuland是一位外科醫生、醫學史教授、得獎作家。他寫過：《死亡的臉》、《生命的臉》、《老化的藝術》（The Art of Aging）等書。他在七十歲左右，曾經採訪過多位年長者，其中不乏他的病患、還有醫界朋友。他主要的目的也是想要整理出，什麼是長壽者倚賴的內心力量？七十歲之後，什麼是人活著感到最有價值的事情？

他點出：活潑的創造力、良好的生活形態、活在愛的關係中。

活在「愛的關係」，包括信仰帶給某些人的靈性與情感力量。在他那次的受訪者中，多位是保持信仰生活的基督徒或是天主教徒。我們其中一位作家黃慧娟修女，曾經開過情感關係的課程，她說「你們不要替我擔心，我沒有結婚的問題，情感關係不是你有沒有結婚，是你有沒有委身的祭壇？」讓我來翻譯一下：健康而圓滿的情感關係，不是你有沒有婚姻，而是上帝給你的那份情感，有沒有找到了可以獻身的目標？天主教的神父、修士、修女們就跟結婚的人一樣，是已經獻身了。他們對天主發過誓約，終身只專心祈禱、服務世人、更多認識祂。就情感上來說，他們有他們的滿足，此後不再追尋別的。

那麼同樣的，我也認識失婚的男性，委身於事業，並無意再婚。對他而言，事業就是他下半生獻身的對象，公司本身就像是他的家，他的客戶與他一起工作的人，可能就會越來越像是他的重要關係人，如果這個群體，是可以彼此信任和相愛的話，他當然是活在愛的關係中。

我會建議中年單身者多花時間在父母、其他家人身上，如果大家關係和諧，甚至可以考慮和家人同住。這是我自己走過的一段路，曾經有一年時間，在特殊的原因下，外宿近二十年後，搬回去和中風的父親、外傭住在一起，也因此和鄰近的大姊和弟弟有更多的接觸機會。那一年對我來說，滿有療癒的作用，因為在此之前所做的靈修、祈禱、心靈治癒、生命重整等等努力，在那一年有很好的驗收，讓我可以向過去不好的回憶告別，以一個比較成熟和開闊的新我，繼續走向第二個人生。搬走了，我比過去更常回家看我父親，跟兄弟姊妹的往來比較主動。

對於結婚有家庭的人，中年後更多經營夫妻關係應該是最有價值的投資。康健雜誌在幾年前拍攝一系列「照顧我們所愛的人」短片，其中「妳怎麼會連累我？」裡面的主角是張鎮華教授和他的妻子嚴劍琴。嚴女士因為早發性失智症，令還在教書、上班的這對夫妻措手不及。短時間內嚴女士辭去中華電信的工作，而張教授減輕工作，多留在家裡陪伴。影片上，張教授的溫柔與承擔，真的令人非常感動。

你可以很有錢，獲得最好的醫療，但你無法用錢，買到這樣的夫妻之愛。過去夫妻怎樣經營他們的關係，中年之後遇到生老病死議題，就看出關係的根基穩固與否。

本書採訪對象，伴侶一起生活的有津端修一、金谷園、王朝賢、黃清泰，他們多半夫妻常共同活動，除了黃清泰有多項志業，太太幫不上忙，所以他自己東奔西跑之外，其他夫婦不是一起務農、做事，就是一起休閒、運動。但整體來看都是夫唱婦隨，太太一方面很配合，特別是丈夫在外人面前「演出」時；另一方面在自己分內的工作上，又表現出丈夫無法失去她的本事。

情書老人坂本健一，說得很正確：「親子關係不能跟夫妻關係相比，跟你走到人生最終的是夫妻關係。」我想這句話，就讓有婚姻的人，自己慢慢品味了。

8

情感表達要倍數成長

如果你想受人歡迎，常常對人表達你的心意和情感，就能辦到！如果你想討人厭，當個悶葫蘆就行了。

表達工具有多種：話語、文字、禮物、服務。

話語：想說什麼就直接說出來的人，要讚美、肯定、感謝別人完全沒有問題，只要別忘記，有做就能贏得對方的喜歡，做得好不好，是進階問題。

文字：多虧e-mail、FB和Line這類免費通訊工具，現代人用文字來溝通變成主流，反而不太打電話。我發現對於個性內向的人，文字變成很有利的工具。而寄信這件事情，在台灣幾乎消聲匿跡。日本長者還不少人保有這個習慣，書店也依舊販售明信片這種過年過節按照禮俗會寄出的文具。

禮物：話語少，文字也不寫的人，我發現禮物是非常好的工具。太雅以前有位同仁，話語和文字都不擅長，但是人非常善良親切。她很喜歡去三十九元商店，或是像金興發文具店這樣的地方，然後什麼都買三個，到處送人，送不完還建立庫存。同事缺什麼東西，她就從桌下的百寶箱拿出來。

服務：我不止一次聽已婚的女性朋友說，他們的老公下班回家都在看電視，不想聊什麼。但是「他十幾年如一日接送小孩」、「對我父母很好」、「下廚包辦家人的晚餐和早餐」、「知道我昨天不高興，今天做早餐端到我床上」……。也有一種貼心的同事，錢不多，無法請客或是買禮物，但是很會噓寒問暖，或是幫大家煮咖啡、支援工作做不完的同事。

五十後的中年人，需要比之前更多的情感表達。平常做得少的，我建議擴大發揮至少五倍到十倍。當你去做時，那代表，停止把自己包得太緊密，而要放開一點；不要擔心太多，勇敢地讓對方知道你的心意；練習慷慨，給別人加油打氣；讓你情感流露出來，你會成為更有情感的人，而情感表達之後，獲得別人的回饋，更會帶來無比的快樂，之後表達的創意也會越來越多。

本書高手如林，這是我採訪告一段落之後，另一個讓我驚訝的共同點。

清川妙和吉澤久子是作家，所以他們常常寄信、寫明信片、寫書，表達對他們來說完全沒有困難，也擁有為數不少的讀者。而黃清泰、金谷園純粹為了抒發和留下史實，寫了數十萬字的人生回憶錄，這個巧合，讓我怎樣都忘不了。我第一次採訪完黃清泰，預備回台北時，他從後車廂拿出兩本書，一本關於台東馬偕醫院的創立，一本是台東基督教醫院的轉型歷史，這兩件事情，就是他人生兩個重要的階段。而金谷園拿出兩本像字典一樣厚的「爺爺的日記」時，我也嚇到。他說是印給兒孫看的，讓他們知道爺爺的一生故事。

黃清泰舉辦生前告別禮拜，這就是一位情感深厚的前輩，極有創意的在自己、親友、上帝之間，表達他對於人生句點的態度，以及他內心的感謝和抱歉。文章中已經有深度的介紹，此處就不再贅述。

津端修一是我最熱情的朋友。過去他寄給我的信件、明信片、插圖，我需要用一本資料夾整理起來，免得弄亂了。他知道我不會日文，通常用插畫，再加上一點漢字和英文。他要來台北之前，從一週一封信，變成一週三封信，興奮程度日益加強，我完全可以想像，跑郵局一定在那段時間變成他重要的工作。二〇一五年三月我去看他，又約好十月去，他在五月時就又開始寄明信片，畫櫻桃、畫竹筍，表示現在菜園正在收成這些食物，然後寫著：十月，熱望再見！

幾週後他辭世，聽說走的那天早上還在除草。

我不敢說「情感表達」對於長壽和健康有何可證明的果效，但是你看完本書就知道，這幾位沒有一個人是悶葫蘆，不但都很會表達，還表達得超有溫度。再者，生命的長度不是最重要的，是你有沒有活在「愛」與「存在感」中，如果像修一這樣，到了最後一個月，最後一天，都活在這樣的氛圍中，不是很幸福嗎？

要追上黃清泰、津端修一這些情感豐沛的前輩，我六十前打算發揮比現在多三倍，然後等六十後時間比較多時，我想發揮到今天的十倍以上。

9

找到自己的終極造型

五十歲之後，衣櫥裡面會有些衣服不再適合自己，於是大家又會開始東買西買，看要怎樣轉型。我想，一直到七十，這個問題都會成為我們生活的樂趣，但不小心也會變成陷阱！

有兩種極端，是前輩展露出來的風格。

一套到底，完全不花心思：津端修一只有一百零一套，白色船長服，他應該是絲毫不為穿什麼煩惱的人，但是這套衣服不是為了省事而已，而是代表著他自己。只有船長這個角色最能說明他自己。他是我知道的人當中，最像神父、修女的人，常人中只有他是運用一件制服，過著好像宣示著什麼的生活。

天天花心思，大同中求小異：大致上六十歲的時候，大家就會定型了。髮型、衣服、女人的妝容。九十歲的清川妙說得很清楚，她適合兩件式裙裝，衣服上最好有印花圖案，連帽子的帽緣，和衣服顏色也都早有一套規則。太雅最近出版的《OVER 60東京時尚街拍》，內容是東京銀座六十以上的熟齡時尚婦女，還有二〇一二年在美國出版的《Advanced Style》，都在呈現熟齡者對自己的信心：他們不利用打扮來掩飾年齡，他們都是利用年齡，來打扮出自己獨一無二的造型。不論《OVER 60東京時尚街拍》還是《Advanced Style》，都提醒我們：想想看自己適合什麼？想要怎樣打扮自己？

當我們年輕時，好像永遠在找自己的型，但是又一直三心二意，所以根本就沒有個型，只是花掉很多錢而已。但是五十歲後，為了地球環保與你的荷包，你不可能亂買一通，卻不知道如何搭配它們；六十後你會變得更務實，七十後你應該懶得再多想什麼，所以，開始留意網路上一些熟齡造型圖片吧，保存起來，慢慢看自己應該怎樣聰明購買。

雖然「熟年優雅學院」提到心靈層面的內容比較多，但是生活實用也是我們想兼顧的，有一個現實的考量，就是「看重外貌」也是熟年健康指標之一，如果有人不愛看書、不愛活動，卻對於生活品味相當投入，我們也應該讚美他們。

而且你若是有多點經驗就知道，有些整潔端莊的長者，健康開始出問題，初期並無特別異狀，但是如果「固定的髮型、固定的衣著」走樣了，其實就可以帶去醫院做檢查。用這一點強調穿搭風格化的另類好處，希望不會讓你們覺得我扯遠了。

10 所有生活來自於廚房

我認識不少會做飯的男士，家裡的晚餐和便當是他們在負責的，他們當中還有人會做蛋糕和果醬，有時候我會跟他們交換心得。為何已婚婦女會放棄廚房樂趣？可能是體力的關係。

在一個家庭裡面，如果做飯都是同一個人，那個人肯定會很想外出上館子，因為對家庭料理有幸福感的，是坐著等飯吃的人，而做飯的人常常在緊繃的狀態下，想要盡責地出菜、打理好一切，所以他吃食物時，不見得跟其他人一樣有好胃口。建議在幾個家人同住的情況下，輪流燒飯，或是分工做飯，是最好的。不然就要偶爾放廚娘假，大家去外面吃。

不論是為了增加生活情趣或是愛護健康之故，做飯給自己吃，是遲早要走的路，從中年以後，增加在家吃飯、帶便當，減少外食，是基本的生活型態改變。進一步，怎樣營造餐桌帶給自己的安定感、幸福感，那就需要自己去想了。

我認識的日本熟年典範，除了坂本健一之外，都非常愛吃。他們很講究食材的品質，以及料理的方式。有著作的前輩，多半會在書裡分享他們拿手好菜是怎樣做的。他們什麼都吃，一頓飯多樣化但是分量不多，另外就是不外食，幾乎天天做飯給自己吃。

餐桌給人家庭的幸福感，是我自小體會的，但不是從我家餐廳，是偶爾跑到同學家去吃飯，才發現那種濃厚的溫馨。

在同個時間，家人坐下來吃飯，雖然只是幾樣食物，但是大家吃得很滿足，這個畫面是我的家庭沒有的。做小吃生意的家庭，辛苦的媽媽把飯菜做好放在小桌子上，就外出去工作，幾個兄弟姊妹下課時間都不一樣，所以各自吃，隨時愛吃就吃。圍在桌旁一起吃飯，比較是過年過節，小吃店休息時，才會有的場景。

所以特別體會到餐桌的魅力，以及，做飯給人吃是至高的服務，而吃別人做的飯菜是比上飯店更幸福的事情。

佐藤初女的伊斯基亞中心，就是接待心情不好的人，大家一起做飯糰、用餐、生活、分享心事，然後把心結解開來。

其實不完全是食物療癒人心，「被款待」才是療癒的關鍵，按照佐藤初女的說法：款待的前提，是信任對方，把人接待到家裡，就是對這個人的接納。所以我們被招待到家裡去，其實享受的不只是食物，還有被接納與信任，安全與溫馨的氣氛。

我已經實踐這樣的生活兩年了，建議你，給自己一個機能與舒適兼具的廚房和餐廳吧，那會帶給你自己、家人、朋友很多美好的回憶。

人物介紹

津端修一

《積存時間的生活》書中的主人翁。一九二五年生，自由評論家。東京大學畢業後，先後任職於安東尼雷蒙和板倉準三的建築事務所，然後進入日本住公團一九六九年以「高藏寺新城計畫」獲得日本都市計劃學會石川獎。曾任廣島大學教授。筆者第一次造訪他是在二〇一三年冬天，隔年邀請他妻子、女兒一起到台灣出席新書發表會，二〇一五年三月第二次到他家作客。同年六月獲悉他過世的消息。

津端英子

津端修一的妻子，出生於一九二八年，老家是有兩百多年歷史的釀酒廠。結婚於一九五〇年。與津端修一一起闢地種菜，閒來時紡織。她對食材的瞭解和獨樹一格的廚藝，讓美食文學家水野惠美子極為推薦。

吉澤久子

生於一九一八年。她在日本的著作相當豐富，原是日本傳統文化研究評論家，後來隨著年紀漸長，近十年來成為「教人如何優雅變老」的專家。在書店中常見吉澤久子的作品。她的《一個人，不老的生活方式》已經有中譯本，在台灣也有不少的讀者，迴響不小。

阿部絢子

生於一九四三年，中年時參加吉澤久子的讀書會，後來效法前輩，成為生活研究家、消費生活顧問。有藥劑師資格的她，運用消費生活顧問的工作經驗，就生活各方面提出合理的環保做法。經常出國寄宿於一般家庭，了解當地生活和環境問題。活躍於多家媒體機關，並擔任大學講師、兼職藥劑師。中譯本著作《一個人也快樂，熟齡的單身生活》。

珍妮・柏絲

一九一六年年誕生於加拿大魁北克，二十一歲時成為Congrégation de Notre-Dame修會的修女。三十歲到日本，一直到九十七歲辭世，總共長達六十七年在異鄉工作，不曾退休。她一生擔任過小學英文、音樂老師、女生宿舍舍監。五十歲後，在東京調布市的修道院內，每周舉行五次聖經課程，為信仰教育不遺餘力。她的兩本著作《微笑帶來幸福》、《幸福總在流淚之後到來》，皆由「熟年優雅學院」出版中譯本。

清川妙

生於一九二一年，一直擔任教職工作，婚後展開寫作生涯。先生過世後，她持續在古典文學評論和人生觀隨筆方面執筆及演講，相當活躍。中譯本有《九十一歲越活越年輕》。二〇一四年年底辭世，她活著的時候，一直將自己打理得端莊美麗，並且盡量去做想做的事情。

佐藤初女

生於一九二一年。一九八三年對外開放自家，開辦「弘前伊斯基亞(Ischia)」。一九九二年，初女女士在岩木山麓間創建「森林裡的伊斯基亞(Ischia)」，無條件接受所有尋求救助的人們，藉由共同用餐與生活，協助許多人重新開啟人生。一九九五年，龍村仁導演的電影「第二號地球交響曲」上映，電影中記錄了「森林裡的伊斯基亞(Ischia)」的奉獻服務。初女女士獲頒美國國際所羅普提密斯特協會獎、國際所羅普提密斯特女性義工獎(Soroptimist International)、東奧獎等等。著有《心靈接待所，九十四歲仍舊撫慰人心的生命導師》。卒於二〇一六年二月。

坂本健一

生於一九二三年。戰後一九四六年於大阪火災廢墟中創設「青空書房」。身為大阪舊書業者老，與名作家時有往來。在固定公休日貼出的手繪海報、寫給妻子的信件皆含蘊深遠，插畫也饒具風味。著有《今日公休》。卒於二〇一六年七月。

後記

你慶生了嗎？

幫本書寫推薦序的貴人中，這人是我編輯生涯第一位職場教練。
意外地發現他滿六十歲了。
問他說：有慶生嗎？
以下是他的信件內容：

六十歲，晉身花甲老翁。
家族幫我和老婆（她虛歲也算六十）辦了一個很感人的慶生活動，
我們雇了一輛遊覽車，由外甥們策畫、安排，
姊姊、弟弟、外甥、外甥孫，全家族去北海岸一日遊。

午餐後，外甥們輪流上來朗讀他們寫給我們兩個的卡片，
每一張都好有創意，更重要的是，好有心！
而所有的卡片是彙集、設計成一冊的，
設計與裝幀工作則由我們家兒子操刀，

這本紀念冊，就是我們的生日禮物了，
它物質花費不高，但價值比任何買得到的東西都高，
高到沒得估算，超級超級讚！
我一直笑，也一直處在深沉的感動裡！
輪到我致詞時，第一句是感謝仙逝多年的媽媽，接著就哽咽了，
然後是激動到不知所云，但我想，他們不會在意的。

我覺得這輩子最自豪的就是對這些後輩們捨得給予，
而他們最感念我們的也在此，
所以我在讀妳寫劉毅文時，非常有感覺。
而另一個讓我們非常開心的是，
從探勘路線、訂車、訂餐廳、聯絡參加人、策展節目……
統統都是年輕人合作完成，這說明
下一代有能力了，把棒子接過去了，肯承擔了，
而且表兄弟姐妹彼此非常團結、很合作，
這是多麼美的禮物啊！

多謝妳問了這句話，讓我又重溫了那一天的美好！

熟年優雅學院，好書品讀

熟年優雅學院 Aging Gracefully

說故事

Aging Gracefully 01

為英子加油紀念版

積存時間的生活

口述：津端修一、津端英子
採訪：水野惠美子
譯者：李毓昭

好生活不是用錢買的，而是花時間經營出來的。沒有積蓄，但是用最好、吃最好的東西，津端夫婦將告訴我們，優質生活的真正標準是什麼。

鄉間生活計畫

Aging Gracefully 21

明日也是小春日和

作者：津端修一、津端英子
譯者：李毓昭

開始吧！83 歲和 86 歲的菜園生活。幾位年輕人和津端夫婦合力完成本書，以年輕、俏皮、生動的眼光，記錄津端爺爺和英子奶奶的生活，其中別有一番風味，更放進許多細節和情感。

說故事

Aging Gracefully 03

98歲給台灣讀者的紀念重版

一個人，不老的生活方式

作者：吉澤久子
譯者：李毓昭

吉澤久子，91 歲時被腦醫學博士證明她比 70 歲的人腦部更活躍，她的信念造就出來的生活方式，讓她神奇地過著獨立又人脈廣熟的生活。

說故事

Aging Gracefully 04

91歲越活越年輕

作者：清川妙 / 譯者：黃鈺喬

她，53歲開始學英文，65歲後獨自去英法旅行15次。立刻去做你想做的事情，不要讓「年紀」作為阻止行動的藉口。

說故事

Aging Gracefully 05

幸福總在流淚之後到來

作者：珍妮．柏絲 / 譯者：許書寧

只要相信雨過天青，無論面對怎麼樣的困難，都將有能力堅持忍耐。透過四季的象徵說明生命時序輪轉，不論晴雨，教你隨遇而安。

欲參加「熟年優雅學院」所舉辦的各項講座及活動，請上網加入會員！
BLOG：http://aginggracefully.pixnet.net/blog
FB：搜尋「熟年優雅學院」

熟年優雅學院，好書品讀

生活風格

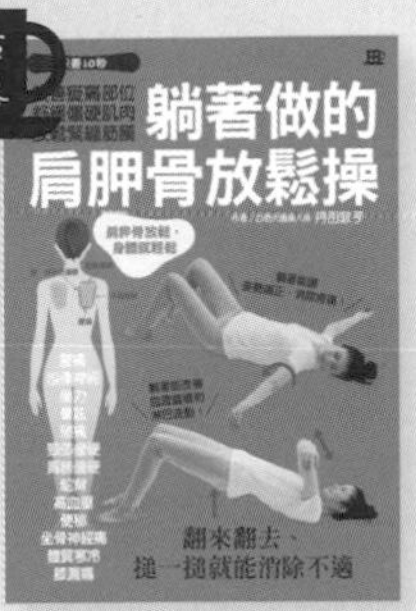

Aging Gracefully 19

躺著做的肩胛骨放鬆操

作者：反田敦子 / 譯者：劉又菘

肩胛骨周圍聚集著 32 條肌肉，並連接整個身體，這些肌肉的特色在於容易僵硬、疲勞，只需要放鬆你的肩胛骨，不僅是上半身，全身都能立刻獲得舒服暢快的感覺！針對 24 種症狀，提供具體改善對策！

生活風格

Aging Gracefully 10

一個人也快樂，熟齡的單身生活

作者：阿部絢子 / 譯者：李毓昭

提早面對，克服60歲後三大恐懼：孤單、貧窮、疾病。教你安排熟齡生活，包括居家改造、家務技巧、人生體會、中高齡就業、終身學習。

說故事

Aging Gracefully 06

今日公休：90歲書店老闆的生命情書

作者：坂本健一
譯者：李毓昭

寫了數十年的每日情書給老婆，畫了一輩子的海報給書店客人。簡單的興趣，執著地去做；平凡人的愛，最終開花結果。

說故事

Aging Gracefully 09

心靈接待所：94歲仍舊撫慰人心的生命導師

作者：佐藤初女
譯者：黃鈺喬

以「款待＋傾聽」進行長達 50 年的服務之旅，在安靜的森林中指引人走出迷惘。她能為自己或他人，找到面對生命問題的力量。

說故事

Aging Gracefully 18

是什麼讓我們看起來登對 WHAT MAKES A GOOD COUPLE?

作者：主婦生活社
攝影：楊明綺

夫妻一起變老，可以越來越愛對方，還穿出一致的品味？書中每對夫妻都說：「我們有很多不同的地方」，要在差異中、衝突時，找出為人生加分的方式，活出自己的婚姻哲學。

熟年優雅學院，好書品讀

心靈練習本

Aging Gracefully 07

自我察覺心靈練習本：

專注與靜心的10堂課

作者：黃慧娟／攝影：連曉恩

與自己和好、與人和平、與環境和諧，最基本要學的就是自我察覺。這是耕莘文教院連續10年開辦的課程，編輯成冊，各界好評不斷。

心靈練習本

Aging Gracefully 15

找到歸屬心靈練習本：

心寄何處，情歸何方

作者：黃慧娟

找到歸屬之前，先探索自己的擇偶傾向，以及這傾向的來由。親密關係的建立，揭露不曾發現的自我，並對已形成的人格提出挑戰。

心靈練習本

Aging Gracefully 16

以愛之名說再見:

失去丈夫後重啟人生的方法

作者：主婦之友社
譯者：李毓昭

失去原以為可以白頭偕老的伴侶，而獨留人世時，妻子如何從喪夫的悲傷、變調的人生、措手不及的經濟和家族問題中脫困，重啟一個人的自由人生。

生活風格

Aging Gracefully 11

50歲熟女穿搭術：

給想要煥然一新的妳

作者：地曳郁子／譯者：游韻馨

日本第一名專家地曳郁子，教妳衣櫥30%換新、70%舊衣搭配原則，以及「優雅休閒風」的穿搭，給50歲想要穿得舒服又想要美的妳最佳建議。

生活風格

Aging Gracefully 13

OVER 60東京時尚街拍：

不管幾歲，都希望做個令人嚮往的女性

作者：MASA & MARI ／譯者：游韻馨

32位女性從打扮談他們對生命的體會。全面征服日本，媒體報導不斷，連年輕女性也深感震撼，她們忍不住羨慕熟女可以這樣吸睛！

熟年優雅學院，好書品讀

熟年優雅學院 Aging Gracefully

Aging Gracefully 14

日嚐清新：鄉居生活的翻轉魅力

鄉間生活計畫

作者：德田民子／翻譯：李毓昭

該是把生活還給自己的時候了！
日本一對時尚總監夫婦，在年過五十後開始嚮往鄉間生活，因而棄東京、遷居安曇野展開第二人生，建屋、清掃、收納、廚務、布置、穿搭、居家活動，從無到有，一併收錄，鄉間理想生活全面公開。
日本亞馬遜讀者5顆星讚賞評鑑：「書中描寫的居家生活令人羨慕又著迷，簡直欲罷不能！」

Aging Gracefully 17

中年斷捨離：找回做自己的力量

生活風格

作者：山下英子 ／譯者：游韻馨

「斷捨離」旋風狂捲日本及台灣，當作者山下英子邁入中年後，受中年危機所苦，因此將這個理念延伸運用，獻給三明治世代的人。斷捨離不只是丟棄雜物，也是教人如何生活的方法。山下英子以自身經驗分享如何運用斷捨離的力量，帶領中年族群，別再為別人而活，找回做自己的力量。

Aging Gracefully 20

父母家的斷捨離：囤積狂與斷捨離主義者的對決

心靈練習本

作者：山下英子 ／譯者：游韻馨

原本只是好意想要整理父母的家卻演變成家庭大戰，決定物品的去留象徵著親子關係權力的代理人戰爭，還意外勾起對父母的「怨懟情緒」，面對日益衰老的父母又感到自責和埋怨，內心情緒在感謝和埋怨的夾縫間遊走……想要完成父母家的斷捨離，不妨就從收拾自己的內心開始，斷捨離「對父母的期待」，找回生命的自主權，成為真正獨立的大人。

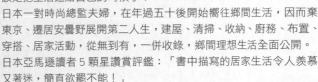

熟年優雅學院
Aging Gracefully 23

遇見未來的自己〈文庫版〉

張芳玲 作者
連曉恩 攝影（台灣）
陳佳芃 攝影（日本）
許志忠 美術設計

張芳玲 〈熟年優雅學院〉總監、太雅總編輯
張焙宜 太雅編輯室主任
鄧茵茵 友情審校
林孟儒 採訪與編輯協力
賴怡伶 編輯校閱
劉芳采 宣傳公關

太雅出版社
TEL：(02)2882-0755 FAX：(02)2882-1500｜E-MAIL：taiya@morningstar.com.tw｜郵政信箱：台北市郵政53-1291號信箱｜太雅網址：http://www.taiya.morningstar.com.tw｜購書網址：http://www.morningstar.com.tw｜讀者專線：(04)2359-5819 分機230

發行所：太雅出版有限公司｜台北市11167劍潭路13號2樓｜行政院新聞局局版台業字第五〇〇四號｜印刷：上好印刷股份有限公司 TEL：(04)2315-0280｜裝訂：東宏製本有限公司 TEL：(04)2452-2977｜文庫版：西元2017年04月10日｜定價：290元｜（本書如有破損或缺頁，退換書請寄至：台中工業區30路1號 太雅出版倉儲部收）｜ISBN 978-986-336-166-4（平裝）
Published by TAIYA Publishing Co.,Ltd.
Printed in Taiwan

國家圖書館出版品預行編目資料
遇見未來的自己(文庫版)：如何優雅地變老，7段遇見之旅，揭露中年應該知道的10件事情 / 張芳玲作. — 初版. — 臺北市 : 太雅, 2017.04 面 ; 公分. —(熟年優雅學院 ; 23) ISBN 978-986-336-166-4(平裝)

1.老年 2.生活指導

544.8 106001637